Schirner
Verlag

Claudia Fabian

Zuhören
und
Hinhören

Uns selbst und anderen

Schirner Verlag

ISBN 978-3-8434-1308-4

Claudia Fabian:
Zuhören und Hinhören
Uns selbst und anderen
© 2017 Schirner Verlag,
Darmstadt

Umschlag: Silja Bernspitz, Schirner,
unter Verwendung von Bildern der
Bilddatenbank www.shutterstock.com:
siehe Bildnachweis auf S. 128
Layout: Marie Springer, Schirner
Lektorat: Alina Machka, Schirner
Printed by: Ren Medien GmbH, Germany

www.schirner.com

1. Auflage November 2017

Inhalt

Vorwort

Seit Jahren arbeite ich als Trainerin für wertschätzende Kommunikation und ganzheitliche mediale Lebensberaterin. In Einzelsitzungen, Vorträgen und Seminaren gebe ich mit viel Freude mein Wissen weiter und begleite Menschen in und aus herausfordernden Situationen des Lebens. Das Schreiben von Büchern ist eine weitere große Leidenschaft von mir geworden, da ich hierdurch meine Erkenntnisse und praktischen Erfahrungen an meine Leser weitergeben darf.

Ich liebe es, mein Leben aktiv in die Hand zu nehmen. Das bedeutet natürlich auch ganz klar, die Verantwortung für das, was in meinem Leben stattfindet, zu übernehmen. Meiner Erfahrung nach führt diese Bereitschaft, Verantwortung zu übernehmen, dazu, aus dem Zustand vermeintlicher Hilflosigkeit herauszutreten. In meine eigene Schöpferkraft zu gehen, finde ich wunderbar und belebend. Denn in den meisten Fällen haben wir sehr wohl Handlungsmöglichkeiten, auch wenn wir diese in manchen Momenten nicht wahrnehmen wollen oder können.

Mir ist durchaus bewusst, dass eine solche Einstellung etwas Willensstärke und Übung erfordert. Zeit und Energie in sich selbst zu investieren, fand ich schon immer sehr lohnenswert – eine bereichernde Investition mit positiven lebenslangen Auswirkungen. Denn ein glückliches und zufriedenes Leben zu führen, ist kein Zufall, sondern das Ergebnis intensiver Arbeit.

Kommunikation ist in unserem Alltag ein extrem wichtiger Baustein. Unsere Stimme, die Sprache und die Worte, die wir wählen, entscheiden darüber, ob eine Verbindung zu einer anderen Person entstehen kann oder nicht. Was uns alle eint, ist das Bedürfnis, gehört und verstanden zu werden. Wir reden häufig viel und gerne und vergessen dabei, dass auch die Person uns gegenüber gerne gehört werden möchte.

Wenn zwei Personen reden, wer hört dann jedoch noch zu?

In Zeiten von Smartphones, Tablets & Co. scheint der zwischenmenschliche Dialog zusehends seine Daseinsberechtigung zu verlieren und gewinnt dadurch tatsächlich immer mehr an Bedeutung. Kurzmitteilungen, die uns einen minimalen und fast schon lieblosen Monolog ermöglichen, indem wir alleine über die Zeit der Kommunikation entscheiden, sind weder respektvoll noch wertschätzend. Es erscheint uns fast schon normal, vereinbarte Verabredungen kurz vor dem Termin per Textnachricht abzusagen, anstatt in den Dialog zu gehen, den Telefonhörer in die Hand zu nehmen und somit auch der Person gegenüber eine Chance zu geben, rechtzeitig informiert zu sein. Selbst das Beenden von Beziehungen per Kurzmitteilung scheint für manche Menschen eine angemessene Form des Miteinanders zu sein.

Wann ist Kommunikation bzw. der direkte, emotionale Austausch zu einer Mutprobe geworden?

Ein weiterer Aspekt ist, inwieweit wir uns selbst gut zuhören. Hören wir auf unsere innere Stimme, die uns erzählen möchte, was gut für uns ist? Hören wir auf die Intuition, die uns warnt, den aktuellen Weg weiterzugehen? Welche Stimmen ignorieren wir? Was wollen wir nicht hören?

Wann haben wir verlernt, in einen offenen und ehrlichen Dialog mit uns selbst zu gehen, unserer Herzensweisheit zu vertrauen?

In diesem Buch werde ich Erläuterungen und Anregungen fürs Zuhören geben und praktische Übungen für den Alltag aufzeigen. Diese sind eine große Unterstützung, das theoretische Wissen in die Praxis und damit in unseren Alltag zu transportieren. Wir haben so die Möglichkeit, uns in einem uns freundlich gesinnten Umfeld auszuprobieren und ein direktes Feedback zu erhalten.

Langfristig schaffen wir innerhalb der Familie, des Freundeskreises und auch des beruflichen Umfeldes Klarheit, Verständnis, Lebensfreude, Leichtigkeit und vor allem Nähe, die über die reine Kommunikation hinausgeht.

Wenn wir uns und anderen zuhören, können wir in eine Verbindung mit uns selbst und mit den Menschen in unserem Umfeld treten. Erst dann ist ein ehrlicher und authentischer Austausch möglich. Diese Balance herzustellen – zwischen unserem Herzen und unserem Verstand – ist eine der Herausforderungen unserer Zeit. Das, was uns auf dem Herzen liegt, mitzuteilen, ohne schlechtes Gewissen, den anderen zu belasten, schafft Klarheit und ist der innerste Wunsch unserer Seele und der Weg, der uns in den Frieden führt.

Ich lade dich dazu ein, dich offenen Herzens auf diese neue Herausforderung einzulassen und etwas Neues auszuprobieren:

Zuhören und Hinhören – dir selbst und anderen.

Zuhören ist ein Geschenk

Zuhören ist ein Geschenk

Wenn wir anderen Menschen von Herzen zuhören, schenken wir ihnen unsere kostbare Zeit und unsere Aufmerksamkeit. Wir sind für diesen Moment mit unserer Präsenz ganz bei diesen Personen. Bestenfalls versuchen wir, ohne Bewertungen zu bleiben und neutral das Gehörte aufzunehmen. Das bedeutet nicht unbedingt, dass wir das Gehörte auch verstehen oder gar akzeptieren müssen. Darum geht es beim Zuhören erst einmal nicht.

Als ich damals begann, mich mit wertschätzender Kommunikation zu befassen, war diese Erkenntnis eine wirkliche Erleichterung für mich. Ich brauchte also keine Kommentare und Bewertungen abzugeben, ob das Gehörte ähnlich oder anders von mir gesehen wird – wie angenehm und harmonisierend. Ich brauchte nur präsent zu sein und einen geschützten Gesprächsrahmen zu bieten. Bei meinem Gesprächspartner trat unter diesen Bedingungen oftmals eine Ruhe und Zufriedenheit ein, die auch gleichzeitig eine Basis dafür schuf, dass gegebenenfalls auch ich gehört werden konnte – wenn ich es wollte.

Beim Zuhören stellen wir also Raum und Zeit zur Verfügung, um den Standpunkt eines anderen Menschen zu hören und eventuell zu begreifen. Das bedeutet, dass wir durch unsere Offenheit auch gleichzeitig unseren eigenen Standpunkt für diesen Moment zurückstellen. Zwei unterschiedliche Standpunkte dürfen einfach nebeneinander stehen bleiben, ohne Bewertungen und ohne dass dabei einer »gewonnen« und der andere »verloren« hat. Jeder

Mensch ist einzigartig, sodass es unmöglich ist – auch bei Personen, die sich sehr gut verstehen – stets die exakt gleiche Sichtweise zu haben. Es ist somit völlig normal, unterschiedliche Meinungen zu vertreten, und das hat nichts mit der Qualität einer Beziehung zu tun.

Häufig glauben wir, den anderen von unserem Standpunkt überzeugen zu müssen, weil wir denken, unsere Sichtweise sei die einzig »richtige«. Eine komplette Energie- und Zeitverschwendung. Gleichzeitig hindern wir uns mit dieser Ansicht daran, offen und interessiert zu bleiben und jemanden neu zu entdecken. Die Sichtweise anderer ist in einer solchen Wahrnehmung nicht wichtig genug, um Zeit und Energie zu investieren. Ein echtes Zuhören entfällt. Wenn wir jedoch emphatisch zuhören, entsteht automatisch Verständnis. Ein Ziehen und Zerren, das dringende Bedürfnis, den anderen überzeugen zu wollen, der Kampf zwischen »gewinnen« und »verlieren« entfallen in einem einfühlsamen Gespräch.

Durch Empathie, auf die wir im folgenden Kapitel noch eingehen werden, signalisieren wir, dass wir unser Gegenüber – trotz gegebenenfalls unterschiedlicher Sichtweisen – auf jeden Fall gehört haben. Das bringt Ruhe in jedes Gespräch, denn *eines der Grundbedürfnisse von Menschen ist es, gehört zu werden.*

Einem Menschen einfühlsam zuzuhören, ist ein Geschenk an diese Person und bedeutet Zuwendung. Wir wenden uns einem Menschen zu und verschenken Aufmerksamkeit. Wenn wir jedoch glauben, dass dieses Geschenk sofort in ein »Gegengeschenk«

umgewandelt wird und wir selbst nun einfühlsam behandelt werden, ist das ein Irrtum. Dieses Zug-um-Zug-Geschäft funktioniert im Leben so nicht. Tatsache ist jedoch, dass, wenn wir einfühlsam mit uns selbst und mit anderen sind, eine gewisse Wertschätzung auch uns gegenüber gelebt wird. Eine Resonanz, die sich selbstverständlich einstellt.

ÜBUNG *für dich*

Stelle dir vor, eine Person kommt auf dich zu und hält in jeder Hand ein Geschenk. Beide Geschenke sind identisch.

Das Geschenk in der linken Hand erfordert eine Gegenleistung von dir.
Mit dem Geschenk in der rechten Hand kannst du verfahren, wie du es möchtest.

Welches Geschenk wählst du?

Nimm dir für diese Übung Zeit, bevor du die weiteren Erkenntnisse nach dem Üben liest.

Weitere Erkenntnisse nach dem Üben

Erfahrungsgemäß wählen wir die rechte Hand mit dem Geschenk, das auflagenfrei übergeben wird. Sogenannte »Geschenke«, mit denen wir direkt oder indirekt zu Handlungen gedrängt werden sollen, nehmen wir unbewusst als Manipulation wahr.

Also frage dich selbst, wenn du anderen Aufmerksamkeit oder Gegenstände schenkst, ob du das auflagenfrei oder mit dem Hintergedanken einer Manipulation machst bzw. etwas als Gegenleistung erwartest wie z. B. Liebe und Wertschätzung. Halte dir in diesem Fall deutlich vor Augen, dass die Person gegenüber diesen Manipulationsversuch sehr wohl wahrnimmt – wenn auch nur unbewusst. Entweder lehnt sie die Dienstleistung oder das Geschenk gleich ab oder sie wird dir als Antwort den Respekt verweigern.

Erst wenn wir schenken ohne jegliche Erwartungen – auch nicht die der Dankbarkeit –, geben wir von Herzen.

Das Besondere am Verschenken ist, dass wir, wenn es wirklich von Herzen kommt, uns gleichzeitig eine Freude in unser eigenes Leben holen und das völlig unabhängig von Reaktionen anderer.

Empathie und Einfühlung

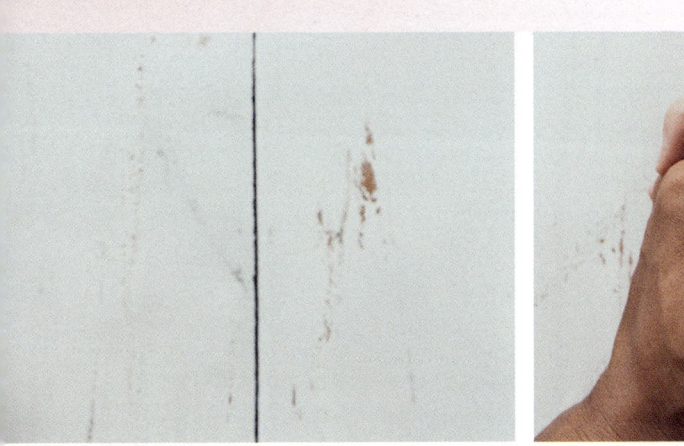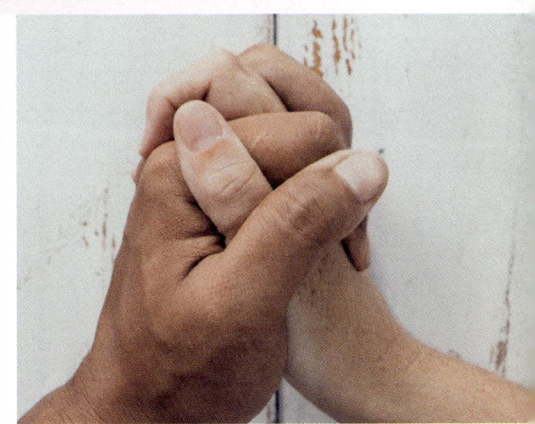

Empathie und Einfühlung

Wie unglaublich wichtig Empathie ist, durfte ich vor einiger Zeit eindrücklich in einem Seminar erleben. In der Übung ging es darum, einen Sachverhalt zu thematisieren, der in mir Verärgerung ausgelöst hatte. Meine Übungspartnerin, eine sonst sehr ruhige Person, fühlte sich persönlich angegriffen und ging in die Verteidigung. Ehe ich mich versah, wurde meine Gesprächspartnerin immer lauter, was mich zum Innehalten brachte. Wenn eine für gewöhnlich ruhige Person eine derart laute und aggressive Ausdrucksweise anschlägt, läuft in einem klärenden Gespräch etwas definitiv schief.

Ich verhielt mich ihr gegenüber empathisch, indem ich kurz in wenigen Worten zusammenfasste, was ich gehört hatte, wie es ihr mit der Situation geht. Es war faszinierend zu beobachten, wie ihr Körper sofort eine entspannte Haltung einnahm und sie mit einem erleichterten Kopfnicken signalisierte, dass sie sich nun ebenfalls gehört und verstanden fühlte.

Durch dieses Gehört-Werden entstand wiederum eine Bereitschaft zuzuhören, sodass wir uns nicht mehr mit unseren unterschiedlichen Meinungen ablehnend gegenüberstanden, sondern offenen Herzens die unterschiedlichen Sichtweisen erkennen und annehmen konnten.

Plötzlich ging es nicht mehr um »*richtig*« *oder* »*falsch*«, sondern um ein *Sowohl-als-auch,* in dem alles da sein darf.

Was ist Empathie?

Empathie bedeutet, die Fähigkeit und vor allem die Bereitschaft zu haben, absichtslos einer anderen Person zuzuhören, denjenigen mit seiner Persönlichkeit zu erkennen, anzunehmen und zu verstehen. Darüber hinaus gehört auch die Fähigkeit dazu, achtsam auf Situationen, aber auch auf Gefühle wie Trauer, Ärger oder Wut zu reagieren. Echte Präsenz, also das einfache, offene *Zuhören ohne Bewertung des Gehörten,* ist bereits Empathie und wird von der Person gegenüber als angenehm und wertschätzend wahrgenommen.

Grundlage für ein empathisches Verhalten ist innere Stärke und Klarheit und damit einhergehend eine realistische Selbstwahrnehmung und ein gewisses Selbstbewusstsein, da wir uns sonst in unserer Wahrnehmung zu schnell angegriffen fühlen, wenn eine andere Meinung besteht als die eigene.

Selbstwahrnehmung bedeutet, dass wir uns unserer eigenen Gefühle und Bedürfnisse bewusst sind. Je mehr wir uns selbst wahrnehmen und zu uns stehen, desto besser können wir auch die Gefühle und Ansichten anderer nachvollziehen und akzeptieren – vor allem, wenn sie den eigenen nicht entsprechen. Selbstbeobachtung ist für die Bewusstseinsbildung und das daraus resultierende Selbstbewusstsein, also für die eigene persönliche Entwicklung, unentbehrlich. *Nur das, was wir aus dem Unbewussten hervorholen, betrachten und uns damit erst bewusst machen, können wir verändern und gestalten.* Daher ist das Erlernen von Empathie elementar wichtig für alle Menschen und vor allem für solche, die verantwortlich mit anderen Personen zusammenarbeiten wollen, wie z. B. Führungskräfte. Fehlende Empathie in den Führungsetagen ist in meiner Wahrnehmung mit einer der Gründe, warum Mitarbeiter oft unmotiviert sind und sich mit dem Unternehmen nicht (mehr) identifizieren können.

Empathische Menschen haben in der Regel harmonischere persönliche Beziehungen, leben in einer guten Eigenverantwortung, können sich selbst und andere besser motivieren und sind angesehen und beliebt.

Was können wir aktiv tun oder sagen, um einen empathischen Umgang mit anderen zu pflegen?

Eine wichtige Voraussetzung dafür ist unsere *innere Stärke und Gelassenheit.* Unsere Zeit und unsere Aufmerksamkeit zu verschenken, wenn wir selbst dringend Aufmerksamkeit brauchen, ist schwer möglich.

Wenn wir also müde sind, genervt von der Arbeit und unter Zeitdruck stehen, haben wir häufig die Wunschvorstellung, die anderen sollen am besten nur »funktionieren« oder wissen, was wir jetzt brauchen, sodass wir selbst so wenig Aufwand wie möglich zu investieren haben. In solchen Momenten erwarten wir Empathie und Einfühlung uns gegenüber, die wir nicht erhalten, wenn der andere ebenso bedürftig ist. Dieser Zustand erfordert, dass wir unsere Verantwortung wahrnehmen und uns wieder in eine Ba-

lance bringen, sodass unser persönlicher Akku wieder aufgeladen ist und wir in die Lage versetzt werden, den anderen zu hören.

Daher ist es gut, die eigenen Ressourcen im Auge zu behalten und einen entsprechenden Gesprächsrahmen zu schaffen. Uns selbst in den Zustand innerer Ruhe und Stärke zu bringen – uns also gegebenenfalls energetisch aufzuladen, wenn wir uns auf ein Gespräch vorbereiten – ist ideal. Dies können wir z. B. durch Atemübungen, Meditation, Spaziergänge und vieles mehr erreichen.

Was können wir konkret sagen, wenn wir empathisch und einfühlsam kommunizieren wollen?

Wir haben zugehört und fassen zusammen:

»Höre ich richtig, dir ist heute Ruhe (Bedürfnis) wichtig, daher kannst du nicht mit ins Kino kommen?« Danach können wir uns in Ruhe über Alternativen unterhalten.

»Höre ich richtig, Sie benötigen die Aufstellung heute bis 18:00 Uhr?« Ist das Zeitlimit machbar, bestätigen wir den Auftrag. Anderenfalls ist ein Austausch erforderlich, um zu prüfen, welcher Zeitraum für eine qualitativ gute Arbeit erforderlich ist.

Kurzempathie bedeutet: kurz zusammenfassen, was gehört wurde – ohne Bewertung! Es geht nicht darum, alles verstanden zu haben. Manchmal können wir Inhalte nur hören aber nicht verstehen. Wenn ich z. B. in der letzten Zeit Nachrichten sehe, kann ich diese zwar hören, jedoch oftmals nicht wirklich verstehen, nachvollziehen.

Manchmal ist es für ein empathisches Miteinander zielführend, exakt dieselben Worte zu nutzen, die der Sprechende verwendet hat. Wenn jemand mit einem betrübten Gesicht sagt: »Ach, mir geht es heute nicht so gut«, könnte der empathische Satz z. B. lauten: »Aha ich höre, dass es dir heute nicht so gut geht. Was fehlt dir denn?«. Damit spiegeln wir dem Gesprächspartner die eigenen Worte wider, ohne dass wir in eine Bewertung gehen.

Dieses schlichte Spiegeln löst eine Verbindung aus, die verständnisvolles und vorurteilsfreies Zuhören signalisiert. Die entsprechende Person fühlt sich angenommen und teilt sich in der Regel, wenn wir den zeitlichen Raum zur Verfügung stellen und nicht dazwischenreden, ganz von alleine weiterhin mit.

Wenn wir stattdessen allerdings antworten würden: »Warum bist du denn so traurig?«, könnte es sein, dass wir die Verbindung verlieren, insbesondere dann, wenn die Person überhaupt nicht traurig ist und das Unwohlsein ganz andere Ursachen hat. Wir sind in diesem Moment in die Bewertung gegangen und haben nicht mehr absichtslos und unvoreingenommen zugehört. Wenn wir neue Emotionen oder Sachverhalte erschaffen und in gehörte

Aussagen hineininterpretieren, dann geht die Neutralität, die der Schlüssel für das bewertungsfreie Zuhören ist, verloren.

Nicht nur im privaten, sondern auch im geschäftlichen Kontext ist es unerlässlich, Besprochenes zusammenzufassen, sodass nach einem gemeinsamen Gespräch oder Termin jeder das gleiche Resümee aus der Besprechung mitnimmt. In meinem damaligen Beruf als Bankerin war ich immer wieder erstaunt, wie unterschiedlich die Erkenntnisse und vor allem die To-do-Listen waren, weil jeder Einzelne sich die aus seiner Sicht wichtigen Punkte notiert hatte. Jeder hat in der Unterhaltung den Focus auf etwas anderes gelegt oder war in kurzen Momenten nicht präsent. Ein kurzes Zusammenfassen verhindert Missverständnisse und schafft Klarheit.

Haben wir Gehörtes zusammengefasst, gibt es in der Regel zwei Reaktionsvarianten: Erhalten wir ein implizites »Ja«, bedeutet das Zustimmung. Der Gesprächspartner ist zufrieden und das Gespräch kann mit dieser Bestätigung weitergeführt oder bei Terminende einvernehmlich beendet werden. Oder wir erhalten ein »Nein«, was in diesem Fall die Gelegenheit zur Klärung bietet. Eventuell gibt es noch offene Meinungsverschiedenheiten, Irrtümer können bereinigt oder Missdeutungen korrigiert werden.

Ein sicheres Zeichen dafür, dass sich jemand nicht gehört fühlt, ist, wenn er anfängt, das soeben Gesagte nochmals ungefragt zu wiederholen. Das passiert relativ häufig, wenn wir keine Form von Feedback für unsere Ausführungen erhalten. Jeder möchte gehört werden, und dazu braucht es als Bestätigung eine Form von Re-

sonanz. Manchmal reicht schon ein Nicken mit dem Kopf oder eine Handbewegung, die signalisiert, fortzufahren, doch in den meisten Fällen benötigen wir eine kommunikative Rückmeldung.

Das soeben Gehörte zusammenzufassen und somit dem Sprechenden zu signalisieren, zugehört zu haben, führt in der Regel zu einer Erleichterung, die auch körperlich sichtbar wird, es tritt eine Entspannung ein.

Ich höre immer wieder Sätze wie »Warum soll ich denn das, was ich gerade gehört habe, wiederholen – ich habe doch alles gehört?«. Aus der Sicht des Hörenden mag das logisch sein, aus der Sicht des Sprechenden ist es das jedoch nicht. Viel zu häufig stellen wir fest, dass das, was wir sagen, nicht genau das ist, was der andere auch hört. Gleichzeitig stellen wir ebenfalls fest, dass das, was wir sagen, oft nur zu einem Teil bei dem Hörenden tatsächlich ankommt – Thema Präsenz.

Gesagt bedeutet nicht unbedingt gehört. Ein kurzer Abgleich ist daher klärend und schafft Entspannung und Zufriedenheit.

Wir alle wollen gehört und zur Kenntnis genommen werden. Dazu brauchen wir eine Antwort, eine Rückmeldung, ein Feedback, das leicht über diese Art von Empathie gegeben werden kann.

Wir sind einfühlsam, indem wir echtes Interesse an weiteren Inhalten oder Reaktionen zeigen:

»Wie geht es dir jetzt, wenn du das hörst?«
(Echtes Interesse zeigen, um zu hören, wie die eigenen Ausführungen bei dem anderen angekommen sind.)

»Bist du jetzt traurig/genervt/müde …?«
(Frage nach dem echten Gefühl, das durch die neue Situation/die neuen Informationen ausgelöst wird. Der Gesprächspartner bekommt damit die Chance, das Gehörte auf sich wirken zu lassen und in sich selbst zu hören.)

»Brauchst du jetzt Ruhe, Klarheit, Balance, …?«
(Frage nach dem Bedürfnis, das jetzt fehlt oder fehlen wird.)

Wir fragen ohne Unterstellungen empathisch nach. Auf diese Art und Weise öffnen wir einen Raum, in dem die Gesprächspartner dazu übergehen, mit ihren eigenen Gefühlen und gegebenenfalls ihren Bedürfnissen in Kontakt zu treten – eine Voraussetzung für jedes offene und konstruktive Gespräch. Aber Achtung: Diese Fragen erfordern im Anschluss Zeit, innere Kraft und Gelassenheit auf Seiten des Fragenden, um die Antworten auch tatsächlich bewertungsfrei hören zu können.

Bedürfnisse, die aktuell oder in der Zukunft aufgrund von Veränderungen nicht zu erfüllen sind, lösen zwangsläufig Gefühle aus. Bei *unerfüllten* Bedürfnissen tauchen daher Gefühle auf, die diesen Umstand widerspiegeln. Das heißt, wir hören von unseren Gesprächspartnern: »Ich bin traurig/genervt/ärgerlich/mutlos/müde/angespannt/unzufrieden …« Im Vergleich dazu werden wir bei *erfüllten* Bedürfnissen andere Gefühle hören wie froh, glücklich, beflügelt, inspiriert, angetan, begeistert, zufrieden …

Wenn wir eine Antwort auf unsere Fragen erhalten, ist es ein Zeichen der Wertschätzung, wenn wir uns dafür bedanken. Denn die Person gegenüber macht sich die Mühe, in sich zu gehen und eine ehrliche und authentische Antwort zu geben. Etwas, das sie ungefragt vermutlich nicht tun würde.

Wir unterbrechen empathisch:

Wir können z. B. in einer Sitzung im Büro unterbrechen, um eine (gedankliche) Pause zu schaffen oder um eigene Aspekte mit einzubringen:

> »Ich habe jetzt von Ihnen einiges gehört und möchte das gerne kurz zusammenfassen.«

> »Darf ich kurz unterbrechen und zusammenfassen, worauf wir uns geeinigt haben/was nun die nächsten Schritte sind?«

> »Ich unterbreche an dieser Stelle und möchte …«

Wir fassen Gehörtes zusammen und teilen dadurch indirekt der Person gegenüber unser Interesse mit und dass wir in dem Gespräch präsent sind. Dies schafft eine gute Gelegenheit, um Fragen zu stellen oder zu dem eigenen Anliegen, den eigenen Sichtweisen oder Ergänzungen überzugehen. Grundsätzlich steigt unsere Bereitschaft zuzuhören, wenn wir wissen, dass unsere eigenen Ausführungen »angekommen« sind.

 ## Perspektivenwechsel

Es ist schön, empathisch zu sein. Wenn wir jedoch nur einfühlsam anderen Menschen gegenüber sind, kommt ein Mensch definitiv zu kurz – wir selbst. Wenn wir erwarten, dass unser Gegenüber genauso einfühlsam wie wir selbst ist, werden wir häufig feststellen, dass das nicht der Fall ist. Wir können andere nicht zwingen, empathisch zu sein, wenn sie es nicht wollen, aber wir haben Möglichkeiten, uns die Einfühlung, die wir für ein ausgewogenes Gespräch benötigen, in einem gewissen Maß einzuholen.

Wir erfahren empathisches Verhalten uns selbst gegenüber, wenn wir den anderen bitten, das Gehörte zusammenzufassen:

»Ich habe jetzt einiges zu dem Thema … ausgeführt. Was ist jetzt bei dir angekommen?«

»Kannst du mir bitte sagen, was du gehört hast, was mir wichtig ist?«

Diese Sätze sind wirklich genial, denn es geht nicht darum, was der Gesprächspartner verstanden hat, sondern es geht nur darum, was gehört wurde.

Jeder hört durch seinen persönlichen Filter. Durch das Nachfragen, was gehört wird, können Unklarheiten vermieden werden. Allerdings gehört ein wenig Mut dazu, sich dieses Feedback einzuholen.

Sehr häufig ist das, was wir sagen (senden) nicht das, was der andere hört (empfängt). Diesen Abgleich zu machen, ist in jedem privaten und geschäftlichen Gespräch ein Muss, um Missverständnisse zu vermeiden. Gleichzeitig bietet dieser Abgleich die Chance, Ungehörtes zu wiederholen und Missverstandenes zu korrigieren.

Wie wichtig diese Frage ist, habe ich damals mit meinem Partner erfahren, als er mich nach meiner Frage, was er gehört hat, treu ansah und sagte: »Kannst du das bitte wiederholen, ich habe nichts gehört, da ich noch in Gedanken im Büro war.« Na prima. Jetzt wusste ich wenigstens, woran ich bin, konnte nochmals starten und hatte diesmal seine volle Aufmerksamkeit.

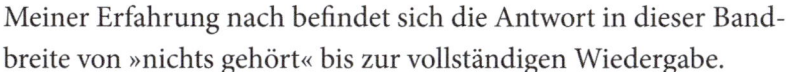

Meiner Erfahrung nach befindet sich die Antwort in dieser Bandbreite von »nichts gehört« bis zur vollständigen Wiedergabe.

Wir möchten uns mitteilen und bieten dem anderen die Chance, einfühlsam zu sein:

> »Ich habe jetzt von dir einiges zu dem Thema … gehört. Möchtest du hören, wie es mir geht, wenn ich das jetzt so höre?«

Wenn der Gesprächspartner »Ja« sagt, ist Raum geschaffen, um über die eigenen Gefühle – aber bitte echte Gefühle (siehe S. 58 ff.), keine bewertenden Gedanken – und Bedürfnisse, die in diesem Moment erfüllt oder auch nicht erfüllt sind, zu sprechen.

Wenn der Gesprächspartner »Nein« sagt, möchte oder kann er derzeit nichts hören – aus welchen Gründen auch immer –, und das gilt es zu respektieren. Ist es eine Frage der Zeit, kann ein anderer Zeitpunkt gefunden werden. Ist es eine Frage des echten Interesses, dürfen wir uns die Frage stellen, warum wir Menschen etwas erzählen wollten, die nicht an uns und an dem, was in uns vorgeht, interessiert sind.

 Perspektivenwechsel

Wie schon gesagt, für ein angenehmes Miteinander ist ein empathisches Verhalten anderen gegenüber erforderlich. Doch dürfen wir dabei nicht zu kurz kommen, auch uns gegenüber dürfen wir empathisch sein.

Einen einfühlsamen Umgang mit uns selbst zu pflegen, erscheint uns im ersten Moment sehr ungewohnt. Das hat häufig damit zu tun, dass wir mit Glaubenssätzen groß geworden sind, in denen wir für andere da zu sein haben und unsere eigenen Bedürfnisse hintanstellen sollen. Das wiederum hat zur Folge, dass uns unsere tatsächlichen Bedürfnisse oftmals nicht einmal bekannt sind. Das Erfragen der eigenen Bedürfnisse darf ab sofort einen neuen Stellenwert erfahren.

Wenn wir langfristig unsere Bedürfnisse ignorieren, also uns selbst ignorieren, führt das zu einer tiefen Unzufriedenheit und oft dazu, dass wir uns in die Opferrolle flüchten und andere für unser »Unglück« verantwortlich machen. Wir vergessen dabei, dass es unsere eigene Aufgabe und Verantwortung ist, auf uns zu hören und die Erkenntnisse daraus umzusetzen.

Wir können jedoch nur gut für uns einstehen, wenn wir wissen, was wir brauchen, was uns gefällt oder stört, was uns zufrieden oder unzufrieden macht, langweilt oder begeistert.

Wir dürfen empathisch mit uns selbst sein und uns fragen:

»Was brauche ich jetzt in diesem Moment?«
»Was brauche ich jetzt …, um mich wohlzufühlen?«
»Was macht mich jetzt glücklich?«

»Was brauche ich jetzt an Unterstützung, um die Situation meistern zu können?« u. s. w.

Selbstempathie ist elementar wichtig, um zu wissen, was wir wollen und brauchen. Wenn wir keine Klarheit darüber haben, können wir nicht erfolgreich für uns einstehen.

Es lohnt sich also aus vielen Gründen, empathisch mit uns selbst umzugehen. Gerade der erstgenannte Satz ist eine hervorragende kleine Übung, die wir jederzeit – egal, wo wir gerade sind – ausprobieren können, um etwas über uns zu erfahren. Damit schulen wir unsere Aufmerksamkeit und erhalten mit der Zeit immer schneller Informationen über uns selbst.

ÜBUNG *für dich*

Probiere die Empathie in alle Richtungen aus!

Fange damit an, dir selbst gegenüber empathisch zu
sein. Dazu braucht es erfahrungsgemäß einen kurzen
oder auch längeren Moment der Stille. Wir können uns
selbst nicht hören, wenn es um uns herum laut und
unruhig ist. Verhalte dich anschließend anderen
gegenüber empathisch, indem du Gehörtes
zusammenfasst. Es ist die einfachste Form des
Miteinanders, und du kannst sie überall und bei jedem
Gespräch anwenden. Wenn du dich stark genug fühlst,
frage nach den Gefühlen und Bedürfnissen anderer.

Fordere schließlich Empathie dir gegenüber von
anderen ein. Frage nach, was sie gehört haben, sodass sie
dir eine kurze Einfühlung (Zusammenfassung) geben.

Spüre währenddessen immer in dich hinein, wie es dir
damit geht.

**Nimm dir für diese Übung Zeit, bevor du die weiteren
Erkenntnisse nach dem Üben liest.**

Weitere Erkenntnisse nach dem Üben

Bei diesem empathischen Zuhören kann zunächst der Gedanke aufkommen, dass Einfühlung, das Wiederholen oder Zusammenfassen von Gehörtem, bei den Personen gegenüber Irritationen auslösen könnte. Wir haben Sorge, dass die Gesprächspartner uns ungewöhnlich finden, wenn wir das, was wir gehört haben, manchmal mit denselben oder ähnlichen Worten wiederholen.

Meiner Erfahrung nach liegt es daran, dass wir selbst diesen Weg der Kommunikation noch nicht gegangen sind. Das Zusammenfassen wird z. B. als angenehm für den Sprechenden, aber auch für den Hörenden wahrgenommen. Die Hürde, die es gilt zu nehmen, ist die, die wir selbst setzen.

Egal, ob wir uns anderen gegenüber empathisch verhalten oder empathisches Verhalten uns gegenüber einfordern – beides bewirkt die gleichen emotionalen Reaktionen. Bei beiden Varianten entstehen unter anderem *Ruhe,* eine innere *Gelassenheit, Verständnis* für den anderen und für uns selbst, *Freude, Wertschätzung, Respekt, Achtung* und dadurch in letzter Konsequenz *Verbundenheit.* Das bedeutet, dass wir das, was wir an Freundlichkeit aussenden, auch zurückerhalten. Auch, wenn dies nicht immer zu 100 Prozent erfolgt oder nicht direkt von der Person, von der wir es gerne hätten, erhalten wir dennoch ein großes Maß an empathischem Verhalten uns gegenüber zurück. Mit Empathie erfüllen wir uns einige sehr wichtige Bedürfnisse unseres Lebens, was automatisch dazu führt, das wir uns mit uns selbst wohler fühlen.

*Wenn wir den anderen nach bestimmten Gefühlen und
Bedürfnissen fragen, müssen das nicht zwingend die sein, die
er auch tatsächlich hat.*

Auch wenn diese genannten Gefühle nicht »richtig« sind, wird es
von der Person gegenüber trotzdem als einfühlsam wahrgenommen. Gleichzeitig erhält sie einen Impuls, nach innen zu spüren,
stellt mit sich selbst einen Kontakt her und verhält sich uns gegenüber ebenfalls empathisch.

Ich möchte gehört werden

Ich möchte gehört werden

Wenn ich bei Vorträgen und Seminaren danach frage, woran es beim Zuhören hapert, sind die häufigsten Reaktionen: »Die anderen hören mir nicht zu« und »Ich bin selbst jemand, der gut zuhören kann, aber wenn ich mal gehört werden möchte, ist niemand da oder bereit dazu.«

Natürlich können wir andere nicht zwingen, sich für uns zu interessieren, jedoch haben wir eine Menge *Gestaltungsmöglichkeiten, um den richtigen Rahmen für uns und unsere Gesprächspartner zu schaffen,* mit denen wir in einen kommunikativen Austausch treten möchten.

Ein weiterer Aspekt ist, ob wir ausschließlich etwas loswerden wollen, also bei dem anderen z. B. unseren Frust »abladen« möchten, oder tatsächlich offen für ein konstruktives Gespräch mit unterschiedlichen Standpunkten sind.

Jedes gute und erfolgreiche Gespräch lebt davon, dass eine gewisse Ausgeglichenheit zwischen Hören und Gehört-Werden vorhanden ist. Ein wertschätzender Dialog ist kein Monolog! Wenn wir nicht bereit sind, zu hören, dürfen wir uns nicht wundern, wenn unser Gesprächspartner sich zurückzieht.

Das Gesprächsverhalten von Menschen ist unterschiedlich. Der eine spricht unaufgefordert und nimmt sich seine Zeit und seinen Raum, andere nehmen sich in einem Gespräch zurück und warten, dass ihnen Gesprächszeit zur Verfügung gestellt wird oder dass sie aktiv in das Gespräch eingebunden werden.

Wenn wir jedoch etwas mitzuteilen haben, ist es unsere Aufgabe, für den Gesprächsrahmen zu sorgen, den wir benötigen. Es ist nicht die Aufgabe unseres Gegenübers, einen solchen zur Verfügung zu stellen, um zu testen, ob wir ihn brauchen und wahrnehmen wollen. Wenn wir darauf warten, können wir gegebenenfalls sehr lange warten.

Doch was ist, wenn der Gesprächspartner sehr viel zu erzählen hat und keine Möglichkeiten bietet, von seinem Monolog in einen Dialog überzugehen?

Dann schaffe einen (sprachlichen) Raum für dich!

>>Darf ich dich einmal unterbrechen? Ich habe jetzt gehört … (Kurzempathie – kurz zusammenfassen, was gehört wurde) und möchte dazu jetzt gerne meine Sichtweise mitteilen.<<

Das geht doch nicht? Doch, das geht! Und zwar sehr gut, aus folgenden Gründen: Wir haben die Unterbrechung angesagt und gleichzeitig durchgeführt. Dadurch erschaffen wir Fakten, aber auch eine klare Position dem anderen gegenüber. Wir haben das Gehörte kurz zusammengefasst und damit dokumentiert, dass wir bislang präsent waren und wissen, worum es geht. Für unser Gegenüber ist das eine Bestätigung für den bisherigen Gesprächsverlauf und damit gelebte Empathie.

Erhaltene Empathie schafft die Bereitschaft zuzuhören, und das ist die Chance, dem anderen die eigene Sichtweise zu erzählen.

Bei Menschen, die viel reden und meist weniger zuhören, ist dieses Verhalten keine Schikane gegenüber ihrem Gesprächspartner, sondern es ist einfach ihre Art, die ihnen oftmals nicht bewusst ist.

Ein Telefonat mit einer Bekannten von mir lief immer nach demselben Schema ab. Sie rief an und redete und redete. Eine sehr lebendige Frau mit vielen Erlebnissen, die irgendwie geteilt werden wollten. Das Zuhören war nicht so ihr Ding. Irgendwann fasste ich mir ein Herz und sagte: »Ich habe jetzt gehört, das du eine sehr aufregende Zeit hattest, magst du mal hören, wie es mir geht?« Zuerst war Ruhe. Dann sagte sie: »Stimmt, meine Güte, ich habe gar nicht gemerkt, wie viel ich geredet habe. Natürlich interessiert es mich, wie es dir geht.«

Seitdem haben unsere Unterhaltungen eine deutliche Veränderung erfahren. Die Balance zwischen Zuhören und Reden ist ausgewogener.

Ein ganz anderer Aspekt, der mir jedoch sehr am Herzen liegt, ist das *bewusste Ignorieren* – das Weghören. Wenn wir andere Menschen bewusst ignorieren, obwohl sie z. B. vor uns stehen und mit uns reden, ist das so, als ob wir uns weigern, die Existenz dieser Menschen zur Kenntnis zu nehmen. Wenn wir unseren Partner ignorieren, wird auch dieser uns früher oder später ignorieren.

Informationen werden nicht mehr ausgetauscht und Gemeinsamkeit dadurch ausgeschlossen.

Ein Bekannter hat mir erzählt, dass seine Eltern nach einem Streit manchmal tagelang nicht miteinander gesprochen und sich komplett ignoriert haben. Nicht nur für die Betroffenen, sondern auch für die sonstigen Familienmitglieder war diese Situation sehr belastend und bedrückend.

Gerade für Kinder, aber auch für Erwachsene bedeutet ein derartiges Verhalten einen Entzug von Aufmerksamkeit und – so wird es häufig wahrgenommen – von Liebe. Kommunikation bzw. wie in diesem Fall keine Kommunikation wird als Waffe benutzt, um den anderen zu bestrafen. Vor allem Kinder, die von ihren Eltern in höchstem Maße abhängig sind, werden durch das Ignorieren zutiefst verunsichert, was zu Verzweiflung und Aggressionen führen kann. Das aggressive Verhalten erscheint als einzige Möglichkeit, um wieder auf sich aufmerksam zu machen, denn wir Menschen wollen zur Kenntnis genommen werden.

ÜBUNG zu zweit

Nimm dir eine Stoppuhr, und stelle sie auf
7 Minuten ein.

Einer von euch beiden redet 7 Minuten, der andere
hört nur zu. Ich meine wirklich nur zuhören.
Kein »Finde ich auch«, kein Nicken oder irgendeine
andere Art der Zustimmung oder Körperkontakt wie
Umarmungen. Die Person, die redet, darf über alles
reden, was sie möchte.

Nach 7 Minuten tauscht ihr sofort die Rollen.
Die Person, die zugehört hat, übernimmt jetzt die
Position des Sprechenden.

Erst danach tauscht ihr euch darüber aus, wie es euch
ergangen ist.

**Nimm dir für diese Übung Zeit, bevor du die weiteren
Erkenntnisse nach dem Üben liest.**

 **Weitere Erkenntnisse nach dem Üben**

Fiel es dir leicht, die 7 Minuten mit deinen Worten zu füllen?

Dann vermute ich, dass du zu den Menschen gehörst, die sich ihren sprachlichen Raum nehmen und gelernt haben, sich mitzuteilen.

Achte auf eine Balance im Gespräch, sodass auch Menschen, denen diese eigenständige Kommunikation schwerer fällt, aktiv von dir einen Raum zur Verfügung gestellt bekommen, in dem sie sprechen können. Mit den emphatischen Sätzen kannst du die Person gegenüber aktiv einbeziehen.

Fiel es dir schwer, die 7 Minuten mit deinen Worten zu füllen?

Dann vermute ich, dass du zu den Menschen gehörst, die sich bei Gesprächen und Diskussionen eher zurücknehmen. Vielleicht glaubst du, deine Meinung ist nicht wichtig, oder du traust deiner eigenen Einschätzung nicht. Eventuell nimmst du die offensive Kommunikation anderer auch so wahr, dass für dich kein sprachlicher Raum übrig bleibe.

Übe dich darin, dir deinen Raum aktiv zu nehmen und dich bewusst in ein Gespräch mit einzubringen. Denn es ist nicht die Aufgabe der anderen, für Stille zu sorgen, sodass du sprechen kannst, sondern es ist deine Aufgabe, dir deinen Raum zu schaffen.

War es anstrengend zuzuhören? Wolltest du gerne etwas beitragen und deine Meinung kundtun?

Dann vermute ich, dass du zu den Menschen gehörst, die sich sehr lebendig in Gespräche und Diskussionen einbringen, grundsätzlich eine Meinung haben und diese auch sehr gerne mitteilen.

Übe dich darin, bewusst darauf zu achten, ob tatsächlich ein permanenter Vergleich mit deiner eigenen Meinung notwendig ist. Wurde um deine Meinung ausdrücklich gebeten? Wenn nein, wird das mitunter als Besserwisserei wahrgenommen, was in der Kommunikation ein eher trennender Aspekt ist.

Fiel es dir leicht, 7 Minuten präsent zu sein?

Dann vermute ich, dass du zu den Menschen gehörst, die gut zuhören können. Du bist bereit, deine Zeit und Aufmerksamkeit einer anderen Person zur Verfügung zu stellen und dich ganz auf sie einzulassen.

Achte auf eine Balance zwischen Zuhören und Sprechen. Denn, wenn wir zu empathisch anderen gegenüber sind, kommt eine Person im Dialog zu kurz – wir selbst.

Zeit und Präsenz bieten

Zeit und Präsenz bieten

Ein Freund von mir rief mich an, um mir kurz etwas Neues zu erzählen. Er fragte nicht, ob ich Zeit habe und legte gleich los. Ich wiederum sagte ihm nicht, dass ich in 15 Minuten einen Termin habe – schlechte Voraussetzungen für ein gutes Gespräch und aktives Zuhören. Ich registrierte nämlich schnell, dass ich unruhig wurde und auf die Uhr sah. Meine Gedanken waren bereits bei dem kommenden Termin und somit nicht ganz bei dem, was ich gerade tat – mit einem Freund zu sprechen. Wenig später merkte ich, dass ich ärgerlich über meinen Gesprächspartner wurde, da sich das Gespräch oder vielmehr der Monolog ausdehnte … Eine klassische Situation, wie ich heute weiß.

Die Person, die mit uns in Kontakt tritt, kann nicht wissen, wie unser Zeitmanagement ist. Natürlich ist es angenehm, wenn wir gefragt werden, ob ein Gespräch jetzt passend ist, aber in der Regel wird das nicht vorab erfragt. Wenn wir ehrlich sind, werden auch uns selbst Situationen einfallen, in denen wir nicht erst höflich nachgefragt haben, ob die angesprochene Person jetzt ausreichend Zeit für unser Anliegen hat.

Wenn wir jedoch keine Zeit haben oder die Zeit knapp ist, sollten wir das dringend der Person mitteilen, denn wir können unter solchen Bedingungen einfach nicht gut zuhören:

»Ich höre, du möchtest gerne etwas mit mir besprechen. Ich bedaure, das ist jetzt nicht möglich. Ich habe gleich einen Ter-

min und möchte pünktlich sein. Wie sieht es bei dir um …
(Uhrzeit/Tag) aus? Dann haben wir Ruhe und ausreichend
Zeit, um dein Anliegen zu besprechen. Ist das in Ordnung?«

Ein solch wertschätzend ausgesprochenen »Nein« mit dem Ange-
bot für ein Gespräch zu einem Zeitpunkt, der für beide Gesprächspartner passend ist, kann für einen anstehenden Austausch nur
förderlich sein. Zu diesem verabredeten Zeitpunkt sind wir offen
und wirklich präsent.

Gleichzeitig entscheiden wir uns bewusst für das Zuhören zu einem bestimmten Zeitpunkt. Wir können uns aktiv darauf einstellen und die *Voraussetzungen dafür schaffen, auch wirklich mit dem
Herzen dabei zu sein.*

Mit dem Herzen bei der anderen Person zu sein, bedeutet zunächst
einmal, *unvoreingenommen* in dieses Gespräch zu gehen. Echtes
Zuhören beinhaltet die *Bereitschaft,* die Meinung und Ansichten
einer anderen Person ohne Bewertungen anzuhören und damit
anzuerkennen, dass unterschiedliche Sichtweisen nebeneinander
bestehen können, ohne als »richtig« oder »falsch« einsortiert zu
werden.

Ein gutes Zeichen für diese Bereitschaft ist, wenn wir nicht ungeduldig darauf warten, selbst zu Wort zu kommen, oder sogar der
Person gegenüber in das Wort fallen, um unsere eigene Meinung
und Sichtweise umgehend kundzutun. Ein solcher Verhaltenszug
zeigt sich besonders dann, wenn die Meinungen auseinanderge-

hen und man in der eigenen Wahrnehmung einen Druck verspürt, den Sachverhalt sofort »richtigzustellen«. In diesem Moment sind wir jedoch bereits wieder im Bewerten und Einsortieren von »richtig« und »falsch«, was in einem austauschenden Dialog als trennend wahrgenommen wird.

In solchen Momenten kann es für den Dialog eine echte Bereicherung und Beruhigung sein, empathisch zu sein und gegebenenfalls, wie bereits erläutert, Gehörtes zusammenzufassen und damit der Person gegenüber die Chance zu geben, die eigenen Aussagen zum ersten Mal selbst zu hören. Mich erstaunt immer wieder, wie häufig ich danach höre: »Ach, so war das jetzt gar nicht gemeint.«

Bevor du in ein Gespräch gehst, überprüfe für dich, ob du wirklich bereit bist, einer anderen Person deine *volle Aufmerksamkeit* zu schenken. Denn dies bedeutet auch gleichzeitig, *echte Nähe* zuzulassen.

Kinder sind immer wieder wunderbare Impulsgeber. So hatte ich vor vielen Jahren mit dem fünfjährigen Sohn einer Freundin ein erhellendes Erlebnis. Ich ging damals zu ihm, um kurz etwas zu besprechen und begann meinen Satz, als er mich völlig erstaunt ansah und sagte: »Aber Claudia, ich baue doch gerade den Dinosaurier zusammen.« Womit er sich wieder dem Inhalt eines Schokoladeneis zuwandte, um die Einzelteile zusammenzufügen. Ich war einen Moment perplex. Natürlich, er war so konzentriert dabei, die kleinen Teile zusammenzufügen und brauchte dafür die volle Präsenz. Er konnte in diesem Moment seine Aufmerksamkeit nur dorthin lenken – nicht zu mir. Für ihn völlig unverständlich, dass ich das nicht sofort gesehen habe. Zehn Minuten später kam er dann zu mir gerannt, um mir das Ergebnis seiner Arbeit zu präsentieren (super Dinosaurier) und war nun bereit und in der Lage, zu hören, was ich ihm sagen wollte.

Seit diesem Erlebnis achte ich besonders darauf, wenn ich etwas besprechen möchte, dass ich erst sicherstelle, dass mich die Person auch wirklich hören kann.

Am besten ist es, jemanden mit seinem *Namen* anzusprechen, in seine *Augen* zu sehen, um damit Kontakt herzustellen, und dann erst zu *reden* bzw. kurz zu klären, ob die Person jetzt überhaupt Zeit hat.

 Perspektivenwechsel

Wie sieht es nun mit dir selbst aus? Wie viel Zeit stellst du dir selbst zur Verfügung? Sind es mehr als 30 Minuten pro Tag?

Früher habe ich mir darüber nicht viele Gedanken gemacht. Ich bin in das Büro gegangen, zum Einkaufen, habe mich um den Haushalt gekümmert, die Wohnung dekoriert und eingerichtet, mich um Geschenke zum Geburtstag und Weihnachten bemüht, den Balkon bepflanzt, meinem Mann den Rücken für seinen eigenen Job freigehalten ... Mein Tag war ausgefüllt mit vielerlei Dingen und Erledigungen, nur für eines hatte ich mir keine Zeit eingeräumt: für mich.

Ich bin mir heute gar nicht mehr so sicher, ob es nicht auch ein Ablenkungsmanöver war, um mich und meine Bedürfnisse nicht zu hören. Tatsache ist jedoch, dass wir uns, wenn wir uns für uns selbst keine Zeit einräumen, mit unseren Gefühlen und Bedürfnissen und dem, was in uns lebendig ist, nicht hören können. Wenn wir uns nicht mehr hören können, sind wir nicht in der Lage, gut für uns zu sorgen. Wenn wir nicht gut für uns sorgen, werden wir zwangsläufig die Bedürfnisse von anderen befriedigen, jedoch nicht unsere eigenen, was u. a. zu Kopfschmerzen, Erschöpfung, Frust, Migräne, Rückenproblemen, Atemnot oder Burnout führen kann. Alles keine erstrebenswerten Ziele.

Wir dürfen wieder lernen, auf unser Herz und unseren Körper zu hören, die uns jederzeit mit weisem Rat zur Verfügung stehen. Wir dürfen lernen, uns ehrlich und ohne schlechtes Gewissen mitzuteilen. Wir dürfen lernen, uns wichtig zu nehmen, und dafür braucht es Zeit.

Unsere innere Stimme braucht einen stillen Raum, Entfaltungsmöglichkeiten und Vertrauen. Anders als unser Ego, das laut plaudernd den ganzen Tag ungefragt aktiv ist und dabei täglich rund 60 000 bis 80 000 Gedanken produziert. Diese sind häufig begrenzend, bestehen aus Ängsten und Sorgen und machen uns das Leben schwer. Unser Bauchgefühl werden wir daher nicht abgehetzt zwischen Alltag, Sorgen und Verpflichtungen wahrnehmen.

ÜBUNG für dich

Nimm dir für den Anfang mindestens eine halbe Stunde pro Tag Zeit für dich.

Kläre im Vorfeld mit deinem familiären Umfeld, wie wichtig dir diese Zeit ist, um dich zu erholen, in deine Mitte, deine innere Balance zu kommen oder diese zu halten.

Mache einen Spaziergang oder hänge ein Schild an die Tür des Zimmers, in dem du dir deine Auszeit nimmst, sodass für jedes Familienmitglied sichtbar ist, dass du dir nun Zeit für dich einräumst.

Sei konsequent.

Nimm dir für diese Übung Zeit, bevor du die weiteren Erkenntnisse nach dem Üben liest.

 **Weitere Erkenntnisse nach dem Üben**

Fiel es dir schwer, dir die 30 Minuten für dich alleine pro Tag zu gönnen und zu nehmen?

Denke daran, dass du mit deinen Bedürfnissen genauso wichtig bist wie die anderen Menschen in deinem Umfeld. Beachte, dass es deine Aufgabe ist, gesund und glücklich zu sein. Nur wenn es dir gut geht, kannst du die Menschen in deinem Umfeld auch angemessen unterstützen. Ich persönlich finde diesbezüglich die Ansage im Flugzeug sehr anschaulich: »Im Falle eines Druckabfalls in der Kabine setzen Sie bitte zuerst sich selbst die Atemmaske auf, und helfen Sie dann Kindern und Mitreisenden.«

Es hilft am Ende niemandem, wenn wir uns selbst verausgaben und unsere Bedürfnisse aus den Augen verlieren. Nur wenn wir in unserer Kraft kommen und bleiben, sind wir für uns selbst und für andere ein Gewinn.

Wusstest du mit deinen 30 Minuten gar nichts anzufangen?

Das könnte ein Hinweis darauf sein, wie sehr du schon durch die Reizüberflutung in deinem schnelllebigen Alltag den Kontakt zu dir selbst und zu deiner inneren Stimme verloren hast.

Wichtig ist jetzt, dir konsequent diese 30 Minuten am Tag einzuräumen. Hilfreich ist hierbei ein fester Zeitpunkt, sodass sich eventuelle Familienmitglieder und natürlich ebenso du selbst darauf einstellen können. Diese Zeit ist von nun an »nicht mehr verhandelbar« und wird fest in deinem Tagesplan vermerkt.

Hier noch ein paar Tipps für einen guten Start in deine ersten 30 Minuten:

- Meditiere.
- Höre Musik, die dir gefällt und die dich z. B. beim Relaxen unterstützt.
- Setze dich bequem in einen Sessel, und lasse den Tag Revue passieren. Was hat dich gestört, was hat dir gefallen?
- Lasse Ideen in dir aufsteigen, wie du das, was dir gefallen hat, noch ausdehnen kannst. Spüre bei den Dingen, die dich gestört haben, hinein, welches konkrete Gefühl ausgelöst wurde und welche deiner Bedürfnisse damit nicht erfüllt wurden. Lasse wiederum Ideen in dir aufsteigen, wie du dir diese Bedürfnisse erfüllen kannst.
- Schenke dir die Zeit, die du brauchst.

Gefühle sind die Sprache der Seele, und das heißt, die Antworten brauchen etwas länger, als wenn wir unserem Verstand eine Frage stellen, der ähnlich einem Computer nur auf die Festplatte zurückgreifen muss, um die Antwort geben zu können. Aber Achtung, der Kopf greift nur auf die Erlebnisse der Vergangenheit zurück, unser Herz kann jedoch in die Zukunft sehen und uns auf unserem persönlichen Weg liebevoll leiten – wenn wir uns zuhören.

Handy – TV – Radio mal aus

Handy – TV – Radio mal aus

Berlin ist meine alte Heimatstadt. Ich liebe diesen Ort für seine Lebendigkeit, Kreativität und Abwechslung und natürlich für die Möglichkeit, Freunde und Familie wiederzusehen. Bei einem meiner Besuche verabredete ich mich am Winterfeldtplatz in Kreuzberg mit einer Freundin in einem Restaurant. Da ich etwas früher vor Ort war, hatte ich die Gelegenheit, das Umfeld und die Menschen zu beobachten:

Rechts von mir saß sich ein junges Paar gegenüber. Die Frau schaute gelangweilt umher, und der Mann hatte sein Handy vor der Nase, das offensichtlich seine ganze Aufmerksamkeit in Anspruch nahm. Dialog? Fehlanzeige!

Ein Tisch weiter saß ein junger Mann, der sich nicht das bunte Treiben direkt vor sich auf der Straße ansah, sondern auf sein Smartphone starrte. In höchster Konzentration bekam er noch nicht einmal mit, als die nette Bedienung ihn ansprach und fragte, ob er noch etwas zu trinken möchte. Höflichkeit? Fehlanzeige!

Einen Tisch weiter saßen sich zwei junge Mädchen gegenüber, das Essen bereits auf dem Tisch. Beide saßen sie mit angespannten Gesichtern über ihren Smartphones, die sie mit flinken Fingern bedienten. Die Freundin jeweils gegenüber und das Essen hatten offensichtlich eine deutlich geringere Priorität. Achtsamkeit? Fehlanzeige!

Kein Wunder, dachte ich, dass die Kommunikation heute so schlecht funktioniert. Wann haben wir verlernt, präsent zu sein und zwischenmenschliche Interaktionen wertzuschätzen und zu pflegen?

Als meine Freundin kam, freute ich mich sehr, wir machten unsere Handys aus, genossen unser Wiedersehen und die Möglichkeit, persönlich miteinander zu sprechen und dabei zu hören, was es Neues gibt. Was für ein wunderbares und wertschätzendes gegenseitiges Geschenk.

Wer ernsthaft glaubt, einem Gespräch gut folgen und gleichzeitig sein Telefon checken zu können, der irrt sich gewaltig. *Wir können mit unserer Konzentration nur bei einer Sache voll und ganz sein.* Anderenfalls springen wir mit unserer Aufmerksamkeit in kurzen Abständen hin und her und verteilen damit unsere Präsenz auf mehrere Dinge. Dies ist weder den Gesprächspartnern noch uns selbst gegenüber wertschätzend, denn der schnelle Richtungswechsel der Aufmerksamkeit ist ein erheblicher Stressfaktor.

Gerade in der heutigen Zeit, die von zunehmender Digitalisierung geprägt ist, werden wir neben unseren sonstigen Aufgaben des Lebens mit einer ständigen Informationsflut durch Nachrichten, Smartphones, Computer, Fernsehen usw. konfrontiert.

Wir lassen abends den *Fernseher* laufen, um eine Sendung zu sehen und zu hören und versuchen nebenbei noch, ein Gespräch zu führen. Selbst wenn der Ton ausgeschaltet ist und nur noch die

Bilder über den Bildschirm flimmern, können wir erkennen, dass unser Gesprächspartner nicht präsent ist und uns nicht gut zuhören kann. Wenn wir auf die Augen unseres Gesprächspartners achten, werden wir erkennen, wie diese blitzartig zum Bildschirm flattern, um in einem kurzen Moment die Informationen der Sendung aufzunehmen und dann wieder zu uns zurückzukehren. Unser Gehirn wird gezwungen, in kürzester Zeit unterschiedlichste Informationen zu unterschiedlichen Themen aufzunehmen und zu verarbeiten. Wie soll das gehen? Präsent zu sein bedeutet, sich einer Sache konsequent zu widmen.

Ebenso lassen wir den ganzen Tag das *Radio* laufen und sind damit permanent abgelenkt. Was an Gefühlen und Gedanken in einem Raum von Stille aufkommen könnte, findet keinen Platz mehr. Ich kenne Menschen, die unruhig und nervös werden, wenn sie länger als zehn Minuten in einem Raum sitzen, in dem keine Grundbeschallung vorherrscht. Häufig liegt es daran, dass sie unbewusst mit sich selbst einfach nichts zu tun haben wollen und infolgedessen diese Ablenkung benötigen, sodass keine Verbindung zwischen Herz und Verstand entstehen kann. Menschen, die dagegen offen sind und sich bewusst mit sich selbst auseinandersetzen, empfinden Lärm und permanente Beschallung als belastend. Sie spüren intuitiv, dass sie den Kontakt mit sich selbst unter diesen Umständen verlieren.

Was wir uns selbst mit dieser Art und Weise der Lebensgestaltung antun, ist vielen nicht bewusst. Die umfänglichen Informationen, die in der Regel nicht umgehend verarbeitet werden können, führen zu einer Reizüberflutung. Durch diese permanente Reizüberflutung fühlen wir uns häufig überfordert und fremdbestimmt. Dies führt dazu, dass wir nur noch unsere Ruhe haben wollen. Wir sind gestresst und gereizt – die Nerven sind überlastet. Einige Folgen davon sind Ängste, Schlaflosigkeit, Unruhe, Müdigkeit, Kopfschmerzen bis hin zur Depression.

Dies führt gleichzeitig dazu, dass wir unsere eigene Intuition nicht mehr gut wahrnehmen, d. h. wir können unsere innere Stimme nicht mehr hören, da diese überlagert ist von diversen äußeren Quellen wie eben Radio oder Fernsehen. Mit einer solchen Lebensweise entfernen wir uns immer weiter von uns selbst. Wir trennen uns von unseren Gefühlen, die unser ganz persönlicher Wegweiser sind.

Konzentrieren wir uns also auf das, was wir tun. Wenn wir gerne Musik hören wollen, sollten wir uns auf die Musik konzentrieren. Wenn uns eine Fernsehsendung interessiert, dürfen wir uns auf die Fernsehsendung konzentrieren, und wenn wir gerne ein Gespräch führen möchten, sollten wir uns auf unser Gespräch konzentrieren. Wenn wir allerdings unsere Konzentration nur noch auf unsere Smartphones, Tablets und Computer lenken, haben wir uns aus der realen Welt verabschiedet. Denn echter zwischenmenschlicher Austausch ist so nicht möglich.

Auch im beruflichen Alltag ist das Bearbeiten von mehreren Dingen gleichzeitig ein großer Stressfaktor und dadurch eine zunehmende Fehlerquelle. Mein Leitsatz ist daher schon seit vielen

Jahren: Eins nach dem anderen. Sich auch in beruflichen Dingen nicht von anderen ablenken zu lassen, sondern in der Konzentration bei dem zu bleiben, was ich gerade tue, hat sich für mich als effektiv und nervenschonend herausgestellt.

Ich kann mich noch sehr gut daran erinnern, wie ich vor vielen Jahren einen Selbsttest gemacht habe, um zu erkennen, was mich ablenkt und wann ich mich selbst gut spüren und hören kann. Also schnappte ich mir Kopfhörer und meine Musik und ging zum Laufen in den Wald.

Obwohl der Weg am See an und für sich die ideale Voraussetzung für Entspannung war, war ich nicht in der Lage, meine innere Stimme zu hören. Ich machte die Musik aus und lief ganz langsam weiter. Immer noch nichts. Ich blieb stehen, setze mich schließlich auf eine Bank und schloss meine Augen. Endlich, da war sie, meine innere Stimme, die ich nun hören konnte. Was für ein Segen.

Die alles entscheidenden Fragen sind also: *Möchten wir uns selbst hören? Sind wir bereit, unseren Gefühlen, unserer Intuition und unserer Herzensweisheit (wieder) ausreichend Platz einzuräumen?*

Oder haben wir gar Angst, unsere Gefühle zu spüren und bevorzugen es, aus Furcht vor Entscheidungen, die ggf. notwendig werden, im Ungewissen zu bleiben?

Gefühle sind weder gut noch schlecht. Sie sind vielmehr wichtige Informanten, unser persönliches und verlässliches Navigationssystem auf unserem Weg ins Glück. Daher ist es wichtig, alle unsere Gefühle zuzulassen. Jedes Gefühl hat seine Berechtigung und seinen Sinn. Wenn wir uns von unseren Gefühlen abschneiden, trennen wir uns auch gleichzeitig von uns selbst und unserem Leben. Gefühle dürfen also einfach gefühlt werden, ohne dass wir sie in »Richtig« oder »Falsch«, »Sinnvoll« oder »Unsinnig« oder ähnliche Kategorien teilen.

Unsere Gefühle sind deswegen ein wichtiger Informant, da sie uns zeigen, ob unsere Bedürfnisse, die uns ebenfalls zu jeder Zeit zustehen, erfüllt oder nicht erfüllt sind.

Sind wir also *müde,* dürfen wir zu unserem eigenen Wohlbefinden dem Bedürfnis nach Schlaf, Erholung oder einer kleinen Auszeit nachgehen. Für die Erfüllung dieser Bedürfnisse sind grundsätzlich wir allein zuständig. Nur wir selbst wissen genau, was unser Körper und unsere Seele zur Regeneration brauchen. Vielleicht ist nur eine längere Nachtruhe erforderlich oder gleich eine Auszeit.

Sind wir *ärgerlich,* dürfen wir zu unserem eigenen Wohlbefinden dem Bedürfnis nach Klärung, Wertschätzung oder Respekt nach-

gehen. Für die Erfüllung dieser Bedürfnisse braucht es eventuell ein klärendes Gespräch, eine neue Vereinbarung oder eine Entscheidung. Andere Menschen sind immer nur ein Auslöser für unseren Ärger und nicht die Ursache!

Sind wir z. B. *traurig,* weil eine Beziehung oder Freundschaft zu Ende geht, ist das ein Gefühl, das exakt zu der entsprechenden Situation gehört. Unser Bedürfnis nach Partnerschaft, Gemeinsamkeit oder Beständigkeit ist nicht erfüllt und muss daher ein derartiges Gefühl auslösen.

Erst wenn wir unsere Gefühle annehmen und sie einfach fühlen, sind wir in der Lage, gestärkt aus diesem Erlebnis herauszugehen. Wenn wir zu uns sagen, dass wir besorgt, beunruhigt, einsam, erschöpft, lustlos, ratlos, verzweifelt oder wütend sind, ist das grundsätzlich ein Hinweis darauf, dass unsere persönlichen Bedürfnisse in diesem Moment nicht befriedigt sind.

Wenn uns bewusst wird, welche Bedürfnisse uns fehlen, können wir Strategien entwickeln und erkennen, welche nächsten Schritte notwendig sind, um unser Leben wieder in die Balance zu bringen.

Sind wir z. B. *glücklich,* haben wir offensichtlich etwas richtig gemacht, denn unsere Bedürfnisse sind in diesem Moment erfüllt. Interessant kann es dann sein, herauszufinden, welches Bedürfnis oder welche Bedürfnisse wir uns gerade erfüllen, um diese gegebenenfalls noch weiter zu bestärken.

Wenn wir zu uns sagen können, dass wir glücklich, zufrieden, begeistert, geborgen, gelöst, dankbar, ausgeglichen oder entspannt sind, ist das immer ein Hinweis darauf, dass unsere Bedürfnisse in diesem Moment befriedigt sind und unser Leben in Harmonie verläuft.

Erst wenn wir aufmerksam nach innen blicken, um zu hören, was wir brauchen, sind wir in der Lage, die nächsten Schritte zu entwickeln, die notwendig sind, um unser ganz persönliches Wohlbefinden zu entwickeln. Die bewertungsfreie Anerkennung unserer Gefühle hilft uns, ein zufriedenes, glückliches und vor allem gesundes Leben zu gestalten. Wenn wir unterbrochen Musik hören, fernsehen, mit dem Smartphone spielen und uns auf verschiedene Art und Weise ablenken, ist es uns unmöglich, das allerwichtigste zu hören: uns selbst.

ÜBUNG für dich

Mache für eine Woche bewusst das Radio als Geräuschkulisse aus. Spüre anschließend in dich hinein. Was macht die Ruhe mit dir?

Entscheide dich bewusst für eine Sendung im Fernsehen, die dich interessiert. Mache den Fernseher nach der angesehenen Sendung aus. Oder entscheide dich bewusst, den Fernseher nicht anzustellen.

Löse dich von der Dauerpräsenz bei deinem Handy/ Smartphone, und schalte es ab 20:00 Uhr komplett aus bis zum nächsten Morgen um 8:00 Uhr.

Sei konsequent!

Nimm dir für diese Übung Zeit, bevor du die weiteren Erkenntnisse nach dem Üben liest.

Weitere Erkenntnisse nach dem Üben

Bei dieser Übung geht es darum, für uns selbst noch einmal zu reflektieren, wie wir mit den 24 Stunden, die wir jeden Tag geschenkt bekommen, umgehen.

Wie sehr sind wir von Computer & Co. schon abhängig? Sind wir dabei, den Tag einfach nur »rumzubekommen« in einem Alltag, der uns nervt, und einem Job, der uns nicht interessiert? Sind wir mehr oder weniger dabei, die Zeit hinter uns zu bringen, oder sind wir tatsächlich bereit, mit den *wichtigsten Menschen in unserem Leben und mit uns selbst* einen liebevollen Umgang zu pflegen?

> Wie achtsam gehen wir mit uns selbst um, und nehmen wir uns tatsächlich die Zeit und den Raum, um zu hören, was wir brauchen?

Nur wenn wir nach innen gehen, mit unseren teilweise versteckten Gefühlen in Kontakt treten und bereit sind, sie zu fühlen, haben wir eine Chance, unsere Bedürfnisse zu erkennen. Erst wenn wir selbst diese Klarheit erlangt haben, können wir das, was wir brauchen und uns wünschen, anderen gegenüber äußern und vertreten.

> Wie viel Ablenkung gibt es in deinem Leben?
> Was versuchst du zu überhören?

Triff eine Verabredung mit dir selbst, und erkenne die Notwendigkeit, nach innen zu spüren. *Denn wie sollen andere unsere Wünsche erkennen, wenn wir das selbst nicht können?* Diese Erwartungshaltung an andere Menschen kann nur zu Enttäuschungen führen.

Nur wenn wir wertschätzend mit uns selbst umgehen und unsere Gefühle und Bedürfnisse achten, werden die Menschen in unserem Umfeld die Notwendigkeit erkennen, mit uns ebenfalls wertschätzend umzugehen. Das bedeutet im Umkehrschluss, wenn wir Respekt und Achtung uns gegenüber von anderen Menschen erhalten wollen, dürfen wir zuerst diesen Respekt und diese Achtung uns selbst geben. In der Folge werden wir automatisch diesen Respekt auch anderen Menschen entgegenbringen und anschließend als Resonanz die Wertschätzung, die Achtung und den Respekt empfangen dürfen.

Ton, Tempo und Lautstärke beachten

Ton, Tempo und Lautstärke beachten

Mein Lebensgefährte hat eine kräftige Stimme. Mir fiel auf, dass ich bei einer bestimmen Lautstärke, die relativ schnell erreicht war, in Stress geriet. Es war mir unangenehm, den Druck, den seine Stimme auf mich ausübte, auszuhalten, vor allem bei etwas lebendigeren Diskussionen. Wir konnten hinsichtlich der Laufstärke keine Übereinstimmung finden, da er seine Stimmlautstärke als normal empfand, bis ich eine Idee hatte: Ich lud eine App auf mein Smartphone, mittels derer ich die Lautstärke messen konnte. Die Ergebnisse waren sehr interessant:

Wie genau *Lärm und Lautstärke* wahrgenommen und empfunden werden, ist absolut individuell. Was für die eine Person noch in Ordnung ist, kann für eine andere Person bereits störend sein. Die Wahrnehmung ist immer subjektiv. Trotz alledem kann Lautstärke ganz objektiv gemessen werden, und zwar in Dezibel. Es gibt nachweislich Grenzen, die, wenn sie überschritten werden, Stress auslösen und gesundheitsschädlich sind wie z. B. das ununterbrochene Hören von sehr lauter Musik.

Was genau nimmt also das menschliche Ohr an Lautstärke wahr, was wird grundsätzlich noch als angenehm oder als störend wahrgenommen, und was belastet unser System und auch unseren Körper? Es gibt relativ klare Erhebungen darüber, was von dem menschlichen Ohr noch als angenehm empfunden wird und ab wann der Stress oder gar die Schädigung eintritt.

Wie laut ist »laut«, welche Beispiele spiegeln diese Lautstärke wider, und wie wird das in der Regel empfunden?

20 – 30 dB	feiner Regen – sehr leise
50 – 60 dB	normale Unterhaltung – angenehm
60 – 70 dB	Straßenverkehr – laut
70 – 80 dB	laute Musik – sehr laut
90 – 100 dB	Presslufthammer, Lastwagen – sehr laut bis unerträglich
100 – 110 dB	Rockkonzert – unerträglich
120 – 130 dB	Schmerzschwelle

Bei unserem genannten Experiment stellten wir fest, dass es für mich relativ einfach war, die 50 – 60 Dezibel beim Sprechen zu halten, die eine normale Unterhaltung ausmachen, da ich mit meiner weiblichen Stimme eher leiser spreche. Wenn die Argumente drängender wurden wie z. B. in einer Diskussion war auch ich schnell bei 70 oder 80 Dezibel. Mein Lebensgefährte erreichte 80 Dezibel bereits von Beginn des Gesprächs an. Bei der Diskussion war er dann schnell in dem Stress verursachenden und schädlichen Bereich von 90 – 100 Dezibel. Dieses Ergebnis war für uns beide sehr erkenntnisreich, und wir können uns heute gut gegenseitig darauf aufmerksam machen, wenn die Stimmen zu laut werden. Ein wirklich erhellendes Experiment, das ich nur empfehlen kann.

Unsere Stimme ist das Instrument, das wir zur Verfügung gestellt bekommen haben, um mit unserer Außenwelt in Kontakt zu treten.

Jeder Mensch hat eine individuelle Stimmfarbe, die von anderen verschieden wahrgenommen wird. Wir entscheiden im Bruchteil von Sekunden, ob uns eine Stimme unangenehm ist oder ob wir sie gerne hören. Manchmal erinnern uns auch bestimmte Stimmlagen an Menschen oder Situationen, die uns unbewusst als angenehm oder unangenehm in Erinnerung geblieben sind.

Ist eine Stimme z. B. sehr *hoch und schrill,* hat sie womöglich eine Frequenz erreicht, die es uns unmöglich macht, über einen längeren Zeitraum entspannt zuzuhören. Das Zuhören strengt uns an, oder wir sind sogar genervt davon.

Ist eine Stimme *gleichförmig und monoton,* fällt es uns ebenfalls schwerer, dieser länger zuzuhören wie beispielsweise bei einem

Vortrag. Unsere Gedanken schweifen ab, da eine derartige Stimme meist mehr als einschläfernd denn anregend empfunden wird.

Ist die Stimme *laut und fordernd,* wird sie eventuell von den zuhörenden Personen als aggressiv wahrgenommen. In einem normalen Gespräch – also keinem Streitgespräch – kann dies zu einer einseitigen Belastung führen, die ebenfalls stresst.

Wenn uns Stimmen zu laut, zu langweilig, zu hoch, zu aggressiv oder aus anderen Gründen als unangenehm oder gar uninteressant erscheinen, reagieren wir ablehnend und können nicht mehr gut zuhören. Wir versuchen unbewusst, der Situation zu entfliehen und ein Umfeld zu finden, in dem wir uns wieder wohlfühlen.

Das bedeutet, dass es zunächst gut ist, zu wissen, wie die eigene Stimme und Tonlage von anderen Menschen wahrgenommen wird. Denn das, was wir glauben auszusenden, ist nicht unbedingt das, was bei den Menschen in unserem Umfeld ankommt.

Das *Tempo, in dem wir ein Gespräch führen,* wirkt sich ebenfalls entscheidend darauf aus, ob wir gehört werden können oder nicht. Ich bin beispielsweise jemand, der Sachverhalte sehr schnell aufnehmen kann und dadurch in Gesprächen relativ zügig Antworten und Ideen parat hat. Meine Erfahrung hat gezeigt, dass mein Tempo für andere Menschen oftmals definitiv zu schnell ist. Meine Art der wertschätzenden Kommunikation hat ganz automatisch dazu geführt, dass ich langsamer werde, da ich versuche, mit meinen Gefühlen und Bedürfnissen im Laufe eines Gesprächs in

Kontakt zu bleiben. Um diesen Kontakt aufrechtzuhalten, braucht es naturgemäß länger, da wir die Antworten hierzu von unserem Herzen und nicht von unserem Verstand bekommen. In Gesprächen ist es daher hilfreich, zu beobachten, welches Tempo der Gesprächspartner hat, um sich dem gegebenenfalls ein wenig anzupassen. Dies führt zu einem besseren gegenseitigen Verständnis und der erhöhten Chance, gehört zu werden.

Wenn wir zu schnell für die Person uns gegenüber sind, löst das Druck aus, und wir werden häufig als ungeduldig wahrgenommen. Gerade Menschen, die nicht gelernt haben, sich aktiv in ein Gespräch einzubringen, steigen während eines Gesprächs mit einem hohen Tempo aus und lassen das Gesagte nur über sich ergehen. Zugehört wird in solchen Momenten nicht mehr, da die Personen tendenziell abschalten.

Sowohl im privaten als auch im geschäftlichen Leben kann es für einen ausgeglichenen Dialog hilfreich sein, den Gesprächspartner auf der einene Seite zu fragen, ob er noch Zeit oder Informationen benötigt, um z. B. eine offene Frage zu beantworten.

Auf der anderen Seite ist es wichtig, den anderen zu bitten, langsamer zu sprechen, wenn er zu schnell oder gar hektisch im Gespräch ist:

> »Ich bitte dich, etwas langsamer zu sprechen, dass ich dich besser verstehen und deinen Ausführungen gut folgen kann.«

Ebenfalls hilfreich ist es, das Gespräch empathisch zu unterbrechen und so das Gesprächstempo zu verlangsamen:

> »Ich unterbreche jetzt mal kurz, um zusammenzufassen, auf was wir uns bis jetzt geeinigt haben, ist das in Ordnung?«

Schließlich geht es darum, sich gegenseitig hören und verstehen zu können, was bei einem zu verschiedenen Gesprächstempo schlecht möglich ist.

Ich kann mich noch gut an eine Situation erinnern, als in einer Diskussion unterschiedliche Ansichten – wie ich fand – leidenschaftlich vertreten wurden. Ein Freund erzählte mir dann Jahre später, dass er diese Diskussion als sehr hart und teilweise aggressiv wahrgenommen habe.

Für mich war das damals ein kleiner Weckruf, genauer auf meine Stimme, meine Lautstärke und darauf zu achten, auch anderen Menschen ausreichend Raum und Zeit in einem Gespräch zur Verfügung zu stellen. Unter diesen Bedingungen hören alle Gesprächspartner gerne und mit offenem Herzen zu.

Wie ist der Ton in deinem Leben?

Bist du herzlich und freundlich zu dir? Oder bist du müde, enttäuscht und genervt von deinem Leben und stehst unter Druck, den du dir selbst auferlegst?

Lässt du dir Zeit, und gibst du den Dingen Raum, sich entfalten zu können? Oder schiebst du alles von dir und triffst keine Entscheidungen?

Hörst du auf dich?

Egal, was es ist, *so, wie wir mit uns selbst umgehen, werden wir zwangsläufig auch mit anderen Menschen umgehen und diese wiederum mit uns.* Sind wir ungeduldig mit uns, beschimpfen wir uns selbst und schenken uns kein gutes Wort, werden uns auch die Menschen in unserem Umfeld ähnlich behandeln. Warum sollen sie besser mit uns umgehen, als wir es selbst tun?

Gerade in der Kommunikation können wir die Resonanz des gesprochenen Wortes sofort und unmittelbar erleben. Darin liegt auch die große Chance, unser Umfeld im positiven Sinne zu gestalten. Die Gestaltung und das, was wir erleben, beginnt in einem großen Maß zunächst bei uns selbst. Ein wichtiger Schritt zur Selbstreflexion ist daher, uns selbst ehrlich und offen im Umgang mit anderen zu zu beobachten. Welchen Eindruck hinterlassen wir bei den Menschen in unserer Umgebung? Wie ist der Ton in unserem Leben uns und anderen gegenüber?

ÜBUNG für dich

Frage die Menschen in deinem Umfeld, wie sie persönlich deine Stimme, Tonlage und Gesprächslautstärke empfinden.

Nimm dieses ehrliche Feedback an, ohne in Erklärungen oder gar in eine Verteidigung zu gehen. Bedanke dich dafür.

Nimm dir für diese Übung Zeit, bevor du die weiteren Erkenntnisse nach dem Üben liest.

Weitere Erkenntnisse nach dem Üben

Hättest du dir die Rückmeldung über deine Stimme, deine Tonlage und deine Lautstärke so vorgestellt? Stimmt deine eigene Wahrnehmung mit der Wahrnehmung deines Umfelds überein?

Vielleicht hast du einige Anregungen bekommen, wie du dieses wunderbare Instrument – deine Stimme – noch besser in Szene setzen kannst. Nicht nur im privaten Bereich, sondern auch und gerade im beruflichen Kontext ist eine angenehme Stimme und Stimmlage ein großer Vorteil. In der heutigen Zeit, in der viel über das Telefon kommuniziert wird, kommt dies mehr und mehr zum Tragen. In Callcentern, in denen Menschen ausschließlich über das Telefon beraten und helfen, wäre durch Personen, die gelangweilt, genervt oder ärgerlich wahrgenommen werden, kein Geschäft zu machen.

Ich persönlich stelle auch bei mir immer wieder fest, dass eine angenehme, freundliche Stimme am Telefon ein echter Türöffner ist. Wir fühlen uns automatisch willkommen, und das in einem Bruchteil von wenigen Sekunden. Ein Eindruck, der im späteren Verlauf eines Gesprächs über Annahme oder Ablehnung des Sprechenden entscheidend sein kann.

Wie ist der Ton dir selbst gegenüber?

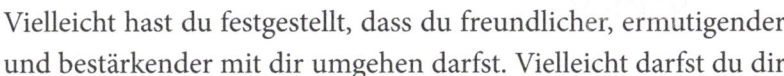

Vielleicht hast du festgestellt, dass du freundlicher, ermutigender und bestärkender mit dir umgehen darfst. Vielleicht darfst du dir mehr vertrauen und deine Handlungen, auch wenn sie sich im Nachhinein manchmal als nicht ganz optimal herausstellen, annehmen. Vielleicht darfst du dich als Mensch mehr schätzen und deine Vorzüge und Talente zunehmend in den Vordergrund rücken, anstatt den Fokus auf die Eigenschaften zu lenken, die dir nicht so gefallen. Auch diese gehören übrigens zu dir und machen dich als einzigartigen Menschen aus.

Unser Körper ist eine große Resonanzfläche und ein harter oder herzloser Ton – auch uns selbst gegenüber – wird unweigerlich aufgenommen und verarbeitet. Wir können ihn z. B. in Form von Druck auf dem Herzen, den Schultern oder im Bauchraum spüren. Dabei ist es egal, ob wir einen unfreundlichen Ton laut oder leise in Form von Gedanken formulieren.

Es lohnt sich, achtsam bezüglich des Tons und der Lautstärke zu sein – uns selbst und den anderen gegenüber.

Mimik und Gestik beachten

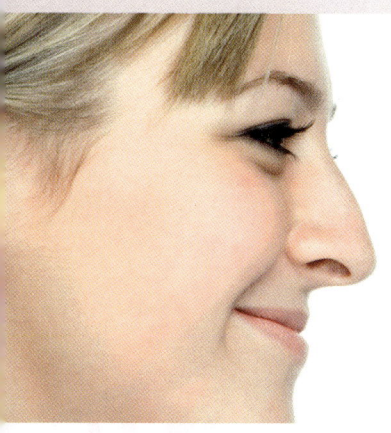 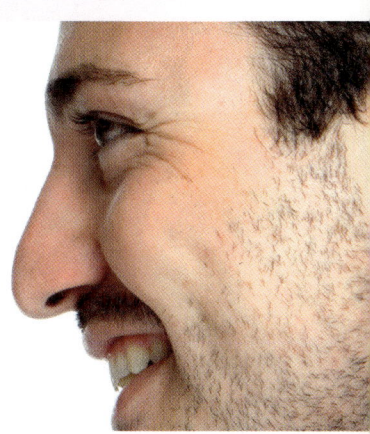

Mimik und Gestik beachten

Vor vielen Jahren war ich in einem Seminar, das eine sehr interessante Übung beinhaltete. Bei dieser Übung zu zweit haben wir der jeweils anderen Person Fragen gestellt, die diese lediglich in Gedanken beantworten durfte. Die spannende Frage war, ob auch ohne entsprechend laute Kommunikation die Antworten über das Gesicht, also über die Mimik, ersichtlich sind. Wie sich herausstellte, konnten die Antworten zwar nicht absolut im Detail, jedoch sehr wohl grundsätzlich erkannt werden.

Dieses Beispiel demonstriert, wie unsere Worte, die wir aussenden, Emotionen und Gefühle entstehen lassen, die sich in einem Bruchteil von Sekunden in unserem Gesicht widerspiegeln.

Mimik und Gestik sind nie zufällig, sondern immer ein Ergebnis unserer Gedanken. Gedanken werden ausgelöst, Erinnerungen geweckt, Erlebnisse aus der Vergangenheit hervorgeholt und Überlegungen in die Zukunft transportiert. All das löst Emotionen aus, die in unserem Gesicht sichtbar werden und in aller Regel in der Kürze der Zeit nicht kontrolliert werden können.

Aus diesem Grund tragen beispielsweise Pokerspieler eine Sonnenbrille oder einen Hut, um keine noch so kleinen Emotionen für den Gegner sichtbar werden zu lassen. Die Spieler wissen, dass sie ihre Emotionen unmöglich komplett unter Kontrolle halten können und damit Hinweise auf die erhaltenen Karten bzw. ihr Spielblatt weitergeben könnten.

Unser Körper bietet in einem Gespräch Hilfe und Erläuterung, ob wir im Kontakt mit unserem Gesprächspartner sind oder nicht.

Unbewusst wird gelächelt und mit dem Kopf genickt, wenn uns etwas gefällt oder zusagt, die Stirn gerunzelt und der Mund verzogen, wenn wir in Gedanken sind oder einem Sachverhalt noch nicht ganz folgen können. Bei einer offene Körperhaltung, durch die sich unser Gesprächspartner uns zuwendet, kann von einer ebensolchen Gemütsverfassung ausgegangen werden. Bei verschränkten Armen, gekreuzten Beinen und einem Zurücklehnen des Oberkörpers, das Distanz schafft, dokumentiert unser Gesprächspartner unbewusst auch gleichzeitig die Distanz zu dem aktuellen Thema oder zu uns selbst.

In solchen Momenten ist es hilfreich, die eigene Körperhaltung zu beobachten und gegebenenfalls aufzulockern und zu öffnen. Das Gesetz der Resonanz wirkt auch in diesem Bereich, und oft kann man anschließend beobachten, wie der Gesprächspartner ebenfalls lockerer wird und in die Lage kommt, zuzuhören.

Das bedeutet, ob wir wollen oder nicht, wir kommunizieren grundsätzlich auch über unser Gesicht, unsere Mimik, unsere Gesten und unsere Körperhaltung. Wir zeigen mit unserem gesamten Erscheinen, was wir denken und welche Emotionen damit ausgelöst werden. Gleichzeitig bieten uns unsere Gesprächspartner die Möglichkeit, etwas über deren Emotionen zu erfahren. Wir erhalten dadurch im Gespräch die Chance, zu überprüfen, ob wir mit den Gefühlen und Bedürfnissen unseres Gesprächspartners noch im Kontakt sind. Vielleicht nehmen wir Ängste wahr, Ablehnung oder Überforderung? Über Empathie besteht die Möglichkeit, dies einfühlsam durch Fragen zu überprüfen und damit Klarheit zu schaffen:

»Bist du ärgerlich (Gefühl), weil dir Verlässlichkeit (Bedürfnis) wichtig ist?«

Das erschafft Verständnis und Akzeptanz, eine Basis für ein konstruktives Gespräch. Nur wenn beide Seiten gehört ohne sogleich bewertet zu werden, besteht die Chance auf Verständigung und Kompromisse.

 Perspektivenwechsel

Was sind deine Gedanken zu deinem Leben?

Bist du glücklich und zufrieden, und stehst du schon am frühen Morgen mit einem Lächeln auf den Lippen auf?

Oder denkst du über dich in einer abwertenden und unzufriedenen Art – »Ich sollte schlanker sein«, »Ich sollte mehr Sport machen«, »Ich sollte …«?

Wie denkst du über die Menschen in deinem Umfeld? Bewunderst oder verurteilst du sie? Oder denkst du freundlich und wohlwollend über andere?

Was sagt dein Gesicht über dich, deine Gedanken und damit deine Emotionen aus?

Eine Bekannte erzählte mir, sie verstehe wirklich nicht, dass sie auf Veranstaltungen – ob im beruflichen oder privaten Kontext – selten angesprochen werde. Sie sitze dann oft alleine, da sie sich nicht stark genug fühle, das Gespräch aktiv mit anderen zu suchen. Ich bat sie, sich in die Situation der letzten Veranstaltung noch einmal hineinzuversetzen und machte dann mit ihrer Zustimmung ein Foto von ihrem Gesicht und ihrer Körperhaltung.

Als sie die Bilder sah, war sie entsetzt. Ihr war nicht bewusst gewesen, dass sie einen derart gelangweilten und mürrischen Gesichtsausdruck hatte. Eine Person mit einem solchen Gesichtsausdruck, mit verschränkten Armen und überkreuzten Beinen ist – und das wurde ihr schmerzlich bewusst – nicht anziehend.

Interessanterweise war meine Freundin der Meinung, dass es ihr gar nicht so schlecht gehen würde, wie ihr Gesicht vermuten ließ. Wir vergessen jedoch häufig, dass nicht nur unser aktuelles Empfinden für unseren Gesichtsausdruck und unsere Körperhaltung entscheidend ist, sondern auch unsere grundsätzliche Einstellung im Leben, was wir über uns und andere denken, was wir erlebt haben, und wie wir damit in der Vergangenheit umgegangen sind.

Zwei ÜBUNGEN für dich

1. Ein wichtiges Gespräch steht an? Stelle dich vor einen Spiegel, und beginne das Gespräch mit deinem Spiegelbild. Wie nimmst du deine eigene Mimik und Gestik war?

2. Stelle dich vor einen großen Spiegel, und erzähle dir, was dir in deinem Leben gut gefällt, was dich glücklich und zufrieden macht.

Stelle dir vor, dir gegenüber steht ein Mensch, der ernsthaftes Interesse daran hat, dir zuzuhören. Lass dir Zeit, und erzähle auch kleinere Details.

Betrachte dich im Spiegel: Was macht diese Geschichte mit deinem Gesichtsausdruck?

Nimm dir für diese Übung Zeit, bevor du die weiteren Erkenntnisse nach dem Üben liest.

Weitere Erkenntnisse nach dem Üben

Manchmal ist es schwierig, sich selbst im Spiegel zu sehen und zu erleben. Wir werden mit uns selbst konfrontiert und sind gezwungen, den Tatsachen im wahrsten Sinne des Wortes in die Augen zu sehen. Wenn wir bereit sind, dem Leben und damit uns selbst zu begegnen, ist unser Gesichtsausdruck ehrlich und unverfälscht.

Wenn wir in ein Gespräch gehen und bereits ärgerlich sind, werden wir zwangsläufig diesen Ärger ausstrahlen und in das Gespräch transportieren. Unser Gegenüber kann in solchen Momenten nur sehr schwer zuhören. Von daher ist es elementar wichtig, Gespräche gut mit uns selbst vorzubereiten. Ärger bedeutet grundsätzlich, dass wir mit unseren eigenen Gefühlen und Bedürfnissen nicht ausreichend im Kontakt sind und von anderen Personen Lösungen erwarten. In meinem Buch »Wertschätzend kommunizieren – achtsam miteinander umgehen« habe ich Schritt für Schritt erklärt, worauf es in einem guten Gespräch ankommt und wie wir uns selbst so vorbereiten können, dass wir in Ruhe und Gelassenheit auf den Gesprächspartner zugehen können. Erst wenn wir

ohne Vorwürfe, Schuldzuweisungen o. Ä. in ein Gespräch gehen, sind wir in der Lage, ruhig und harmonisch zu kommunizieren. Nur so kann uns unser Gesprächspartner wirklich zuhören.

Unser Gesichtsausdruck und unsere Körperhaltung sind ein Spiegel unserer inneren Seelenverfassung.

Wenn wir von Dingen reden, die uns erfreuen und die unser Herz berühren, werden andere unsere Empfindungen ebenso sehen können. Ich finde es immer wieder faszinierend zu beobachten, wenn Menschen von Personen oder Arbeitsfeldern berichten, die sie begeistern. Ihre Augen fangen an zu strahlen, über das ganze Gesicht ist ein Lächeln zu sehen, die Körperhaltung ist offen und lebendig. Menschen mit einer solch lebendigen und lebensfrohen Ausstrahlung ziehen automatisch ebensolche Personen in ihr Leben. Denn nach dem Gesetz der Resonanz ziehen wir immer das an, was zu uns gehört.

Wenn wir unser Leben verändern möchten, ist es notwendig, unsere Einstellung zum Leben zu prüfen und uns gegebenenfalls zu verändern, sodass wir das in unser Leben holen, was wir dort auch tatsächlich vorfinden wollen.

Zur Abrundung dieses Themas sei noch angemerkt, dass wir allerdings auch Personen anziehen, die sich in diesem lebensfrohen Umfeld energetisch aufladen wollen. Auch die übermäßige Anziehung solcher Menschen hat ebenfalls einen Sinn. In diesem Fall dürfen wir mehr zum Thema Abgrenzung und Selbstschutz lernen.

Das Thema ist wichtig

Das Thema ist wichtig

Ich hatte mich mit einer Freundin für ein Telefonat verabredet. Im Laufe des Gesprächs erzählte sie mir plötzlich umfangreich von ihrem Nachbarn und dessen Kindern. Ich merkte, wie meine Konzentration schwand und ich nur sehr schwer den Inhalten folgen konnte, da ich weder den Nachbar noch die Kinder kannte.

In meiner Wahrnehmung war diese Situation weder ihr noch mir gegenüber wertschätzend. Also entschied ich mich, auf mein Empfinden zu reagieren: »Darf ich dich unterbrechen. Ich merke gerade, dass es mich sehr anstrengt, dir zuzuhören, da mich der Nachbar nicht wirklich interessiert und ich mich sehr viel lieber über Inhalte, die mit dir oder auch mit mir zu tun haben, austauschen würde. Ist das in Ordnung für dich?«

Die Reaktion war sehr interessant. Einen Moment lang war es still am Telefon, dann lachte sie und sagte: »Danke, dass du mich unterbrochen hast. Ich habe gerade gemerkt, wie anstrengend es für mich ist, dir alles im Detail erklären zu müssen, da du die Menschen, um die es geht, tatsächlich nicht kennst.« Wir haben uns anschließend ganz entspannt neuen Themen zugewandt.

Wenn uns ein Thema nicht gefällt oder interessiert, fällt es uns in der Regel schwer zuzuhören. Wenn uns wiederum ein Thema sehr interessiert, sind wir präsent, offen, neugierig – und aufnahmefähig. Hirnforscher stellten schon vor einiger Zeit fest, dass uns das Lernen viel leichter fällt, wenn uns ein Thema von Herzen interessiert und begeistert. Das Gehörte oder Gelernte bleibt länger in unserem Gedächtnis. Es ist daher wichtig, *Themen, die wir gerne anderen Personen mitteilen wollen und die uns am Herzen liegen, interessant, abwechslungsreich und lebendig zu präsentieren* – egal, ob im privaten oder beruflichen Kontext. Zeit, Raum und Interesse sind die besten Voraussetzungen für ein gegenseitiges Zuhören.

Trotz bester Voraussetzungen ist es jedoch immer wieder so, dass bestimmte Themen nicht gleichermaßen interessant sind. So, wie wir es akzeptieren dürfen, wenn andere sich nicht für unsere Themen interessieren, so dürfen wir wertschätzend und achtsam mit uns selbst sein, wenn uns etwas nicht interessiert.

Unsere Zeit ist genauso wertvoll wie die von jeder anderen Person.

Ich höre immer wieder von verschiedenen Strategien, um uninteressanten Gesprächen oder gar Monologen aus dem Weg zu gehen. Wir entziehen uns ihnen, indem wir z. B. nach Erkennen der Rufnummer auf dem Display nicht mehr an unser Telefon gehen, oder wir legen den Telefonhörer auf den Tisch ohne zuzuhören. Alle möglichen Ausreden runden diese Strategien ab. Das ist weder anderen noch uns selbst gegenüber respektvoll.

Anstatt authentisch zu sein und uns ehrlich mitzuteilen, entwickeln wir Vermeidungsstrategien, die uns kurz-, mittel- und langfristig Schaden zufügen und nicht lösungsorientiert sind. *Gleichzeitig schwächen wir unser Selbstwertgefühl,* da wir nicht bereit sind, für uns einzustehen. Wir versagen uns die Chance, eine

ehrliche Basis mit dem anderen zu finden, in der Offenheit einen selbstverständlichen Platz hat. Ebenso verzichten wir auf die Möglichkeit, Verständnis und Akzeptanz zu erhalten, und darauf, gemeinsam einen neuen Weg zu finden.

Stell dir vor, du erzählst einer Person eine halbe Stunde lang begeistert von etwas, was du erlebt hast und was dir wichtig ist. Danach sagt diese Person: »Ganz ehrlich, das fand ich jetzt langweilig, und es hat mich gar nicht interessiert.« Wie wäre das für dich? Eventuell würdest du sagen: »Das hättest du doch gleich sagen können, dann hätte ich gar nicht so ausführlich über das Thema berichtet.« Es ist ehrlich, authentisch und sehr viel förderlicher für ein friedliches Miteinander, aufkommende Schwierigkeiten in einem Gespräch zu klären.

Folgende Reihenfolge ist eine gute Möglichkeit, ein Gespräch zu unterbrechen und in neue Bahnen zu lenken:

(1) »Darf ich kurz unterbrechen?«, »Ich unterbreche an dieser Stelle einmal.«
(2) »Ich merke, ich bin unkonzentriert/müde/erschöpft …« (ein Gefühl nennen)
(3) »Mir ist es wichtig, zu dem ursprünglichen Thema zurückzukommen/noch etwas von dir zu hören/noch etwas von mir zu erzählen/die Zeit anders zu nutzen …« (Bedürfnis nennen, um das es geht)
(4) »Ist es in Ordnung für dich, wenn wir das Thema heute abschließen/über einen anderen Sachverhalt sprechen …?«

Auf diese Art und Weise unterbrechen wir respektvoll (1), teilen unser Gefühl mit, das klar dokumentiert, was die Situation bei uns emotional auslöst (2), benennen unser Bedürfnis, was wir brauchen, damit es uns wieder gut geht (3), und binden zum Abschluss den anderen wieder mit in das Gespräch ein (4). – Eine perfekte Basis für ein ehrliches und offenes Gespräch mit interessanten Erkenntnissen wie in meinem Beispiel mit meiner Freundin.

Diese Art der Unterbrechung ist auch hervorragend für das berufliche Umfeld geeignet. Wer kennt das nicht: Die Sitzungen ziehen sich endlos in die Länge, Themen mit Klärungsbedarf werden ausgedehnt und um zusätzliche Sachverhalte erweitert. Wertvolle Zeit geht verloren, von Effektivität und lösungsorientierten Ansätzen gar nicht zu sprechen. Natürlich ist es anstrengend, Gespräche jederzeit konzentriert, lösungsorientiert und erfolgreich zu gestalten. Langfristig angewandt fällt diese Form der Kommunikation jedoch immer leichter und wirkt sich effektiv auf die Zusammenarbeit aus.

Hier ein weiteres Beispiel, wie wir in einer beruflichen Situation wertschätzend unterbrechen können:

»Ich möchte an dieser Stelle kurz unterbrechen. Ich merke, ich werde jetzt etwas unruhig, da wir noch fünf Punkte auf der Agenda haben, aber nur noch 20 Minuten Zeit. Mir wäre es wichtig, zu dem ursprünglichen Thema zurückzukommen, um die Zeit noch so effektiv wie möglich zu nutzen. Gibt es dennoch konkrete Anregungen, Anmerkungen oder Lösungsvorschläge zu dem jetzigen Punkt?«

ÜBUNG für dich

Beobachte dich im privaten Bereich während eines Gesprächs einmal offen und ehrlich – ohne Bewertung oder Verurteilung.

Bei welchen Themen gestaltet es sich für dich schwierig, Präsenz zu zeigen und deinem Gesprächspartner die erforderliche Aufmerksamkeit zu schenken.

Teile dies der Person gegenüber wertschätzend mit.

Nimm dir für diese Übung Zeit, bevor du die weiteren Erkenntnisse nach dem Üben liest.

Weitere Erkenntnisse nach dem Üben

Hast du es bemerkt?

Ohne Zeit und ein wenig Ruhe können wir auch diese Frage nicht für uns beantworten.

Es ist gut, uns einzugestehen und zu gestatten, dass uns auf der einen Seite bestimmte Themen nicht interessieren, vielmehr langweilen oder wir vielleicht sogar so wenig wie möglich mit einem bestimmten Thema zu tun haben wollen, da es uns belastet. Auf der anderen Seite gibt es Inhalte, die wir spannend finden, die uns aufleben lassen und inspirieren. Beides hat seinen Sinn, und wir tun gut daran, die Unterschiede für uns zu entdecken.

Ich mag beispielsweise keine Krimis, da ich spüre, dass mich das Lesen solcher Bücher sowohl körperlich belastet (jedes Wort hat eine energetische Schwingung) als auch emotional aufwühlt. Mein persönliches Bedürfnis nach Lebensfreude, Ruhe und Gelassenheit, versuche ich mir daher mit anderen Büchern oder Beschäftigungen zu erfüllen.

Wenn wir für uns erkennen, um welche Bedürfnisse es uns konkret geht, können wir unsere Ansichten nachvollziehbar kommunizieren, und die Chance auf Verständnis steigt bei unserem Gesprächspartner. Wir schaffen Klarheit, die grundsätzlich etwas Beruhigendes hat – für uns selbst und für unser Umfeld. *Denn wenn wir unsere persönlichen Erkenntnisse kommunizieren, erhalten die Menschen in unserem Umfeld die Chance, uns tatsächlich so kennenzulernen, wie wir sind, und können uns gegebenenfalls bei der Erfüllung unserer Bedürfnisse unterstützen.*

Wenn es uns gelingt, unser Herz, unsere Seele mit unserem Verstand in eine Balance zu bringen, werden wir echte Authentizität leben.

Oftmals ist uns nicht bewusst, was uns Energie kostet und wie wir Energie erhalten, wie wir also unsere persönlichen Akkus wieder aufladen und in der Balance halten können. Dies für sich herauszufinden, ist eine spannende Aufgabe, die ich persönlich mit einer zunächst kurzen Liste herausgefunden habe, die mit der Zeit immer länger geworden ist. Vielleicht möchtest du ebenfalls eine Liste beginnen. Du wirst mit Sicherheit spannende Erkenntnisse über dich gewinnen.

Kritik einfach hören

Kritik einfach hören

Es fällt uns grundsätzlich leichter, unsere Kritik anderen mitzuteilen als Kritik an uns durch andere zu hören.

Kritik oder Vorwürfe hören wir vorwiegend als Angriff auf unsere Persönlichkeit, auf unser Selbstwertgefühl, anstatt die Anregungen sachbezogen wahrzunehmen. Daher löst Kritik einen Abwehrmechanismus in uns aus. Wir wollen die Kritik abwehren, indem wir uns rechtfertigen, warum wir so und nicht anders gehandelt oder kommuniziert haben.

Das ist jedoch überhaupt nicht notwendig, denn egal, was wir getan haben, wir haben es so gut gemacht, wie es uns in diesem Moment, unter diesen Umständen möglich war. Ungeachtet dessen können wir nicht mehr zuhören, wenn wir bereits damit beschäftigen sind, uns Verteidigungsstrategien auszudenken.

Selbstverständlich ist es so, dass jeder einzelne Mensch eine eigene individuelle Meinung haben darf. Jeder darf sein Leben so gestalten, wie er möchte, solange die Rechte anderer respektiert und berücksichtigt werden.

Persönliche Sichtweisen auf aktuelle Situationen oder Situationen aus der Vergangenheit werden von verschiedenen Menschen immer anders in ihrer Erinnerung abgespeichert. Egal, was wir also erleben, wir nehmen diese Ergebnisse grundsätzlich durch unseren persönlichen Lebensfilter wahr. Dadurch lenken wir den Fokus unbewusst auf unterschiedliche Situationen, Worte, Gespräche und Erfahrungen, die uns individuell in Erinnerung bleiben, für eine andere Person jedoch womöglich irrelevant sind.

Da jeder seine eigene Sicht der Dinge hat, können wir *bei Kritik auch einfach einmal hinhören.* Unser Gesprächspartner möchte uns lediglich etwas über unser Verhalten mitteilen, das in dessen persönlicher Wahrnehmung unpassend war. *Das gleicht weder einem Angriff auf unsere gesamte Persönlichkeit noch ist es ein Nein zu uns als Individuum.* Sondern es bedeutet lediglich, dass diese Person eine andere Sichtweise zu einer bestimmen Sachlage hat.

Bei konstruktiver Kritik geht es darum, dies in Erinnerung zu behalten, um die Meinung des anderen zunächst einmal hören und auch gelten lassen zu können. Dabei ist es sinnvoll, die Person gegenüber *zunächst einmal aussprechen zu lassen* und unseren Impuls zu unterdrücken, der uns ungeduldig antreibt, dem anderen ins Wort zu fallen oder unser Verhalten zu rechtfertigen. Wenn wir uns rechtfertigen oder uns entschuldigen, destabilisieren wir unser Selbstwertgefühl, denn derartige Reaktionen basieren auf einem moralischen Urteil, etwas falsch gemacht zu haben.

Die Steigerung unseres Selbstwertgefühles können wir nur dadurch erreichen, dass wir *Verantwortung für unser Handeln und unsere Äußerungen übernehmen.* Wie bereits erwähnt, gehen wir durch unser Leben und treffen Entscheidungen so gut, wie wir können. Dazu gehören lebenslange Erfahrungen, die zu sogenannten Fehlern führen, die uns in unserer persönlichen Entwicklung aber bedeutend weiterhelfen. Fehler sind in letzter Konsequenz Erfahrungen und von daher wichtig. Fehler/Erfahrungen einzugestehen, macht uns womöglich für einen kurzen Moment angreifbar, langfristig macht es uns jedoch stark.

Wenn wir selbst mit unseren Handlungen im Nachhinein nicht zufrieden sind, können wir unser Bedauern zum Ausdruck bringen, indem wir u. a. das Bedürfnis nennen, das uns wichtig ist, das wir in dieser Situation bzw. Handlung nicht ausreichend beachtet haben: »Ich bedaure, dass ich zu spät bin, da mir persönlich Verlässlichkeit wichtig ist.« Dabei bleiben wir selbstbewusst auf Augenhöhe mit unserem Gesprächspartner und bringen gleichzeitig zum Ausdruck, dass wir die Kritik erkannt haben. Mit der Nennung unseres Bedürfnisses – in diesem Fall die Verlässlichkeit – stellen wir gleichzeitig eine Verbindung her und kommunizieren deutlich, dass es trotz Kritik Gemeinsamkeiten gibt. Bedürfnisse sind grundsätzlicher Natur und wir alle haben sie gleichermaßen, wenn auch nicht immer dieselben Bedürfnisse zur selben Zeit.

Wenn wir bei Kritik uns gegenüber unser Selbstwertgefühl nicht über Bord werfen und in einer inneren Ruhe bleiben, verschaffen wir uns die Chance, uns *in den anderen hineinzuversetzen.* Denn

jeder Mensch steht mit seinen Füßen auf einem ganz bestimmten Fleck auf dieser Erde. Kein anderer kann diese Position im selben Moment einnehmen. Das bedeutet, dass jeder zu jeder Zeit einen ganz individuellen Blick auf das Leben hat. *Gerade bei Kritik lohnt es sich, den Blickwinkel des anderen einzunehmen.* Erst wenn wir bereit sind, unsere eigene Position für einen Moment zu verlassen und stattdessen die Position unseres Gesprächspartners einzunehmen, besteht die Möglichkeit von Akzeptanz und gegenseitigem Verständnis.

Es geht eben nicht um »richtig« oder »falsch«, sondern es geht darum, zu akzeptieren, dass unterschiedliche Standpunkte bestehen und auch bestehen dürfen.

Das bedeutet auch, *das eigene Ego ein klein wenig zurückzustellen.* Wenn wir glauben, über die einzige Wahrheit zu verfügen, und der Sichtweise einer anderen Person keine Relevanz zusprechen, wird das jedes Gespräch beeinflussen. Wir signalisieren damit, dass wir kein Interesse an den Ausführungen des anderen haben und lediglich die eigene Position als die einzig wahre darstellen möchten. Wenn eine Person jedoch vollumfänglich recht haben möchte, wird die andere nicht ebenso hundertprozentig recht haben können. Dadurch entsteht ein Kampf, und dieser Kampf kann nicht gewonnen werden, da niemand als »Verlierer« dastehen möchte.

Nur wenn wir offen sind für Neues und damit auch die unterschiedlichen Ansichten auf bestimmte Sachverhalte akzeptieren,

entsteht die berühmte Win-Win-Situation, in der beide Seiten ohne Gesichtsverlust aus einem Gespräch herausgehen können.

Für allumfassendes Verständnis in Gesprächen ist es hilfreich, wenn wir *in Ruhe Fragen stellen,* um den thematisierten Sachverhalt besser verstehen zu können. Oftmals klären sich in diesen Momenten bereits bestimmte Inhalte, die der Gesprächspartner, der die Kritik angeführt hat, plötzlich als nicht mehr so drängend empfindet.

Zur Erinnerung: Wir alle wollen gehört werden, und wenn wir Kritik anbringen dürfen, ohne dass uns jemand ungeduldig ins Wort fällt oder mit Ausreden oder Rechtfertigungen argumentiert, tritt häufig bereits eine Entspannung ein. Wir sind in diesem Moment gehört worden und erhalten bestenfalls noch Empathie (Zusammenfassen des Gehörten) – was für eine Erleichterung. In einem persönlichen Gespräch wird das u. a. dadurch sichtbar, dass sich die jeweilige Person körperlich entspannt, sich neu auf dem Stuhl, oder wo sie sich befindet, positioniert und eine relaxte Position einnimmt. Es kann auch ein Zeichen von Entspannung sein, wenn die Person nichts mehr zu sagen hat oder sich schlicht für das Zuhören bedankt.

Wenn wir uns Kritik gegenüber uns selbst anhören, ist das Ziel, die Meinung des anderen zu hören. Wir zeigen echtes Interesse, müssen jedoch mit seiner Ansicht nicht übereinstimmen. Vielleicht stellen wir zum Abschluss eines Gespräches ganz bewusst fest, dass in der Tat zwei unterschiedliche Standpunkte bestehen und dass in diesem Moment auch keine Übereinstimmung stattfinden kann. Das ist in Ordnung und schafft bei unserem Gesprächspartner Klarheit.

Darüber hinaus bedeutet das nicht, dass diese unterschiedlichen Standpunkte bestehen bleiben müssen. Immer wieder entsteht durch solche ehrlichen Gespräche Bewegung auf beiden Seiten. Ich habe selbst schon erlebt, wie Tage oder auch Wochen später ein Thema wieder aufgegriffen wurde, da man sich inhaltlich angenähert hat.

Durch empathisches Verhalten und die Offenheit, die Sichtweise des anderen zu sehen und zu akzeptieren, entsteht erst die Möglichkeit, ohne Gesichtsverlust wieder auf den anderen zugehen zu können. Aufgrund dessen kann Kritik ein echtes Geschenk sein, wenn wir verstehen, dass sie kein Angriff auf unsere Persönlichkeit ist, sondern ein Versuch, Situationen im Leben anders und damit besser zu gestalten.

ÜBUNGEN zu zweit

Bitte deinen Partner, deine Partnerin, einen Freund oder eine Freundin, dich zu kritisieren.

Lade denjenigen ein, dir etwas mitteilen zu dürfen, das er schon lange einmal mitteilen wollte, sich jedoch nicht getraut hat anzusprechen.

Höre zu, bleibe interessiert, und versuche, den anderen ausreden zu lassen. Mache dir die ganze Zeit bewusst, dass es hier lediglich um den Austausch von Informationen geht und du als Mensch, Freund, Freundin, Partner oder Partnerin nicht infrage gestellt wirst.

Stelle Fragen, um die Aussagen noch besser verstehen und nachvollziehen zu können, und gehe in den Austausch ohne dich zu rechtfertigen, selbst zu verurteilen oder gar ins Unrecht zu begeben.

Übernimm die Verantwortung für dein Handeln!

Nimm dir für diese Übung Zeit, bevor du die weiteren Erkenntnisse nach dem Üben liest.

Weitere Erkenntnisse nach dem Üben

Fiel es dir schwer, die konstruktive Kritik zu hören?

Das wird leichter, versprochen! Kritik anzuhören, ist am Anfang eine Herausforderung, da wir meist nie gelernt haben, angemessen mit Kritik umzugehen.

Wir stellen uns selbst oft – noch – zu schnell als Persönlichkeit infrage. Allerdings vermute ich, dass ihr trotz alledem ein interessantes Gespräch geführt habt und euch damit ein bisschen besser verstehen konntet.

Mir hat bei dieser Übung geholfen, in der Ruhe zu bleiben. Oftmals nicke ich währenddessen leicht, um der Person gegenüber zu signalisieren, dass ich sie höre und an ihren Ausführungen interessiert bin. Ebenfalls hilfreich hat sich für mich herausgestellt, mir Notizen zu machen und darauf gegebenenfalls später zu sprechen zu kommen. Das erleichtert mir das Zuhören und signalisiert ebenso meine Aufmerksamkeit und mein Interesse.

Es ist spannend, den Gesprächspartner nach dem Zuhören direkt zu fragen, ob er jetzt unsere Sichtweise hören möchte. Im Anschluss ist es wichtig, unbedingt das »Ja« abzuwarten, da es DAS Zeichen ist, das der andere bereit ist, uns jetzt zu hören! Sollte ein »Nein« als Antwort auf diese Frage erwidert werden, fühlt sich die kritisierende Person noch nicht ausreichend gehört und empathisch wahrgenommen. Das bedeutet, ohne Bewertungen das Gehörte zusammenzufassen und konkrete Fragen zu stellen, um Missverständnisse zu vermeiden und Klarheit zu schaffen. Neutral zu bleiben, bewirkt Ruhe und Offenheit auf beiden Seiten.

Meine Empfehlung ist, anschließend zu klären, wie eine Lösung oder ein besserer Umgang miteinander entstehen kann, und was dafür konkret gebraucht wird.

Freue dich also auf die nächste Kritik!

Balance im Gespräch erschaffen

Balance im Gespräch erschaffen

Ein gutes, respektvolles und wertschätzendes Gespräch kann nur gelingen, wenn eine Balance dadurch entsteht, hinzuhören, andere Meinungen zu akzeptieren und die eigene Ansicht im Austausch mitzuteilen.

Die Voraussetzung dafür ist, dass wir wissen, was wir wollen und was uns persönlich wichtig ist. In ein klärendes Gespräch zu gehen, ohne zuvor auf uns selbst gehört zu haben, ist weder ziel- noch lösungsorientiert. Diese Zeit vorab in uns zu investieren, erspart uns langfristig viele Missverständnisse, innere Orientierungslosigkeit und in letzter Konsequenz Zeit und Energie. Wenn wir auf unsere Intuition, auf unser Herz hören, können wir konkret wissen, WAS wir wollen. Dann haben wir die Chance, das WARUM, also unsere Bedürfnisse, zu entdecken.

Da das Hören auf uns selbst die Basis für jedes Gespräch ist, möchte ich an dieser Stelle noch einige Anregungen dazu geben. Jedes Wort, jeder einzelne Satz, den wir sprechen oder denken, hat eine bestimmte Schwingung und Energie. Das bedeutet, das, was wir hören oder sprechen sowie das, was wir denken, können wir mit unserem Körper, also unseren körperlichen Reaktionen, sowie mit unseren emotionalen Reaktionen überprüfen. Die Erkenntnisse daraus und die Antworten, die wir auf unterschiedlichste Fragen an uns selbst erhalten, sind wie Impulse aus dem Nichts.

Alle Antworten sind tatsächlich in uns.

Wie können wir unserer eigenen Intuition, unserer emotionalen Intelligenz, dem persönlichen Körperwissen, näherkommen?

Um diese Intuition, unsere innere (Herzens-)Weisheit, unsere innere Stimme, zu fördern, sodass eine Verbindung zwischen Kopf und Herz entstehen kann, unser Leben in einen harmonischen Fluss kommt und wir immer wertschätzender mit uns selbst umgehen, können wir einiges tun:

Kein Alkohol oder sonstige Drogen: Drogen vernebeln unsere Sinne. Damit ist es unmöglich, unser innere Weisheit, unsere Intuition, wirklich wahrzunehmen.

Ruhe: Wenn wir zu viel Krach um uns herum haben, sind wir abgelenkt und werden uns nicht hören. Deshalb einfach mal Radio, Fernsehen, Telefon ausmachen und versuchen, alle sonstigen Geräuschkulissen (Straßenlärm, Baulärm …) auszusperren.

Meditationen mit oder ohne Musik: Meditationen in der absoluten Ruhe sind perfekt, jedoch ist es für manche Menschen am Anfang leichter, sich mit sanfter Musik zu umgeben. Es gibt wunderbare Meditations- und Entspannungsmusik. Probiere aus, was dir gefällt und wonach du dich anschließend belebt und aufgeladen fühlst.

Ersten inneren Impulsen nachgehen: Wir dürfen uns und unserer inneren Weisheit mehr trauen und uns nicht vom Kopf, vom Ego, bequatschen lassen, der uns in der Regel mit Bedenken und Sorgen dient und sowieso der Meinung ist, alles besser zu wissen.

Im Jetzt bleiben: Innere Wahrnehmung kann nur im Hier und Jetzt, im gegenwärtigen Moment, stattfinden. Das, was sich jetzt gut und angenehm anfühlt, ist richtig. Situationen, die anstrengend sind, die viel Aufmerksamkeit auf sich ziehen und an den Nerven zerren, sollten wir vermeiden, denn sie gehören nicht zu uns.

Rituale: Gibt es einen Raum, in dem du dich gerne aufhältst, einen Lieblingsstuhl, einen Platz im Garten oder eine Bank im Park? Egal, was und wo es ist, räume dir Zeit für diesen Ort ein, und nutze diese Wohlfühlmomente regelmäßig, um deinem Herz und deinem Körper zu signalisieren: »Jetzt kommt die Zeit für mich.«

Sich selbst ausreichend Zeit zur Verfügung stellen: Nichts ist hemmender und uneffektiver, als unter Zeitdruck auf das eigene Herz, die innere Stimme, hören zu müssen. Von unserem Kopf, unserer Ratio, erhalten wir in der Regel eine schnelle Antwort – unsere Herzensweisheit braucht jedoch einen Moment länger, um zu reagieren.

Mit schönen Dingen umgeben: Umgib dich mit Dingen, die du schön findest, die dich bestärken oder gute Erinnerungen in dir wachrufen. Es ist anregend, uns bewusst zu machen, was wir wirklich in unserem Leben vorfinden wollen. Vielleicht ist es ein Parfüm, mit dem wir schöne Erinnerungen verbinden, Gegenstände aus dem Urlaub, Blumen und Pflanzen, Möbel, die uns Freude bereiten, Kleidung, in der wir uns wohlfühlen …

Offen sein für zusätzliche Informationen von außen: Ein Flyer, der uns in die Hände fällt, ein Artikel, der uns plötzlich auffällt, eine Empfehlung, die wir hören, eine interessante Fernsehsendung auf einem Kanal, den wir sonst nicht anschauen … all das können wichtige Hinweise für uns sein, wenn sie unser Interesse erwecken. Wie wichtig darüber hinaus ausreichend Zeit, ein geeigneter Zeitpunkt, eine ruhige und störungsfreie Atmosphäre und echtes Interesse sind, wurde bereits in den ersten Kapiteln festgehalten.

Empathie spielt in jedem Gespräch eine wichtige Rolle für das Verständnis und die zwischenmenschliche Verbindung weit über die reine Kommunikation hinaus.

Wie kann so ein emphatisches Gespräch nun aussehen?

Eine perfekte Voraussetzung ist, wenn jeder vor einem anstehenden Gespräch seinen konkreten Standpunkt und seine Argumente kennt. Das Gespräch startet damit, dass eine Person ihr Anliegen mitteilt. Die andere Person hört ohne zu unterbrechen zu und gibt im Anschluss Empathie, um damit zu signalisieren, dass sie zugehört hat. Erst danach teilt sie ihre Sicht der Dinge mit, während die Person, die das Gespräch begonnen hat, nun ihrerseits zuhört. Dadurch entsteht ein wechselseitiger Rhythmus: die eigene Sichtweise mitteilen – zuhören – Empathie geben.

Ich empfehle, meine Erläuterungen auch gleichzeitig als Übung umzusetzen. Wir verabreden uns mit dem Partner bzw. der Partnerin … und finden ein Thema, bei dem wir unterschiedliche Ansichten haben.

Hier ein Beispiel: Simone und Tom möchten über ihren gemeinsamen Urlaub sprechen. Der Fernseher ist aus, und sie sitzen gemütlich am Wochenende zusammen, um dieses Thema zu erörtern. Sie zeigen, wie es gehen kann, wenn BEIDE bereit sind, zuzuhören, empathisch sind und wissen, was sie möchten. Beide gehen offen und lösungsorientiert in das Gespräch:

Simone
Simone hat vorab für sich herausgefunden, dass sie gerne ans Meer möchte.

Tom
Tom hat vorab für sich herausgefunden, dass er unbedingt seine neue Wanderausrüstung in den Bergen ausprobieren möchte.

Simone sagt, was sie möchte:

Simone
Also, ich würde sehr gerne wieder dieses Jahr ans Meer fahren. Die Luft, das Meeresrauschen und die Sonne sind für mich Erholung pur, und die brauche ich nach den anstrengenden letzten Monaten.

Tom hört aufmerksam (empathisch) zu.

Tom gibt Empathie:

Ich höre, du würdest gerne wieder an das Meer fahren, da es für dich das letzte Mal sehr erholsam war, und das ist das, was du jetzt wieder brauchst.

Simone nickt und fühlt sich gehört.

Tom sagt, was er möchte:

Also ich brauche diese Jahr Abwechslung. Ich würde sehr gerne in die Berge fahren und mit dir eine paar Touren machen.

Simone gibt Empathie:

Oh, du möchtest was anderes als letzten Sommer machen, und vor allem möchtest du gern aktiv sein – am besten mit mir zusammen.

Tom nickt und freut sich über das Verständnis.

Simone spürt in sich hinein und sagt, was in ihr ausgelöst wird:

Ich merke gerade, dass bei mir der Gedanke an das Wandern im Sommer etwas Stress auslöst. Ich kann mir vorstellen, das eine oder andere Mal auf eine Tour mitzugehen, aber ein reiner Wanderurlaub im Sommer ist dieses Jahr nichts für mich. Das Meer ist nach wie vor mein absoluter Favorit.

Tom gibt Empathie:

Tom

Also ich höre, einen Wanderurlaub willst du nicht, aber du würdest schon die eine oder andere Tour, die dich interessiert, mitmachen, vor allem, wenn es nicht zu heiß ist. Trotz allem ist das Meer dein Sehnsuchtsziel.

Simone ist erleichtert.

Tom möchte gern, dass neben seinen Interessen auch Simones Wunsch Berücksichtigung findet und macht einen Kompromissvorschlag anhand aller Informationen:

Tom

Was hältst du davon, wenn wir uns einen Platz suchen, wo wir das Meer haben für dich und einige Berge im nahen Umfeld, sodass ich meine Wandertouren machen kann.

Simone spürt in sich hinein, wie sich diese Idee für sie anfühlt und stimmt zu:

Simone

Das hört sich nach einem guten Plan an. Vielleicht bin ich ja auch nach einer Woche so erholt, dass ich mich auf die Wanderungen freue.

Tom

Oder ich bin so erschöpft, dass ich mich auf den Strand und das Meer zur Erholung freue. Lass uns schauen, was es für Orte gibt, die für unseren Urlaub infrage kommen.

Beide freuen sich über die gute Idee, die beide Wünsche erfüllt, und damit auf den gemeinsamen Urlaub.

Eigentlich ganz einfach, oder?

Allerdings nur durch und mit Empathie!

Anstatt sich darüber Gedanken zu machen, was die Person gegenüber gerne hätte und sich damit in unsichere Vermutungen und Spekulationen zu begeben, reden wir offen über das, was wir uns wünschen.

Zuhören, Empathie geben, auf sich hören und wieder reden erschafft eine abwechslungsreiche Balance, die beiden Seiten gerecht wird.

Wenn – wie im Fall von Simone und Tom – beide Gesprächspartner ihre persönlichen Hausaufgaben gemacht haben und wissen, was sie wollen, besteht die Chance, dass jeder offen über das reden kann, was ihm wichtig ist. Nur unter diesen Voraussetzungen können beide Sichweisen angehört werden, und beide Gesprächspartner sind in der Lage, gegebenenfalls einen gemeinsamen Kompromiss zu finden.

Es gehört immer ein klein wenig Mut dazu, unsere Ansicht ehrlich mitzuteilen, ohne vorab zu bewerten, ob sie dem Gesprächspartner gefällt oder nicht. Wir halten unsere Meinung immer wieder dann zurück, wenn wir realisieren, dass sie nicht mit der unseres Gesprächspartners übereinstimmt. Diese Angst, abgelehnt zu werden, können wir überwinden, wenn wir uns verdeutlichen, dass es nur um Klarheit geht, die wir schaffen möchten. Menschen, die an uns interessiert sind oder uns lieben, wird es ein Anliegen sein, dass es uns gut geht, und in diesem Sinne werden unsere Wünsche Gehör finden.

Auch im geschäftlichen Rahmen wird gerne nach Kompromissen gesucht, um eine Win-Win-Situation zu erschaffen, sodass beide Seiten zufrieden sind und auch weiterhin gerne und erfolgreich miteinander arbeiten wollen. Dazu ist es aber auch hier erforderlich, zunächst die eigene Position klar darzustellen.

Was ist jedoch, wenn nur eine Seite bereit ist, sich empathisch zu verhalten? Wie erschaffen wir in solchen Fällen die notwendige Balance? Bleiben wir bei Simone und Tom:

Simone hat vorab für sich herausgefunden, dass sie gerne ans Meer möchte.

Simone

Tom hat vorab für sich herausgefunden, dass er unbedingt seine neue Wanderausrüstung in den Bergen ausprobieren möchte.

Tom

Simone ist von der vielen Arbeit erschöpft und ihr Nervenkostüm ist erheblich angekratzt.

Tom ist ausgeglichen und freut sich auf die Urlaubsplanung.

Simone sagt, was sie will:

Also, ich brauche dringend Erholung, und daher denke ich, wir fahren am besten ans Meer. Was hältst du von Italien?

Simone

Tom hört empathisch zu.

Tom gibt Empathie:

Ich höre, du brauchst Erholung und möchtest ans Meer.

Tom

Simone nickt und fühlt sich gehört.

Tom sagt, was er möchte:

Also ich brauche dieses Jahr Abwechslung. Ich würde sehr gerne in die Berge fahren und mit dir eine paar Touren machen.

Tom

Simone Was ist denn nun mit Italien. Wir hatten doch letztes Jahr so ein nettes Hotel mit Pool.

Tom bleibt ruhig.

Tom holt sich Empathie:

Tom Kannst du bitte sagen, was du gehört hast, was für mich in diesem Jahr wichtig ist?

Simone überlegt. Sie weiß nicht, was Tom wollte, da sie so sehr auf sich selbst fokussiert war:

Simone Ich glaube, ich habe das nicht ganz mitbekommen. Was wolltest du? Kannst du das bitte noch einmal sagen?

Tom bleibt ruhig.

Tom wiederholt sein Bedürfnis:

Tom Also ich brauche diese Jahr Abwechslung. Ich würde sehr gerne in die Berge fahren und mit dir eine paar Touren machen. Wie hört sich das für dich an?

Tom lässt ihr die Zeit, die sie benötigt, um seine Frage nach seinen Bedürfnissen zu beantworten.

Simone fällt es gerade schwer, den Blickwinkel von Tom einzunehmen. Sie spürt in sich hinein, und sagt, was in ihr ausgelöst wird:

Ich merke gerade, dass bei mir der Gedanke an wandern im Sommer etwas Stress auslöst. Ich brauche erst einmal Ruhe, am liebsten am Meer. Aber vielleicht würde ich dich das eine oder andere Mal auf einer Tour begleiten.

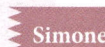

Tom gibt Empathie:

Also ich höre, du brauchst vor allem erst einmal Ruhe und Erholung, aber eventuell würdest schon die eine oder andere Tour, die dich interessiert, mitmachen.

Simone ist erleichtert und dankbar für Toms Ruhe und Verständnis.

Ja, genau.

Tom möchte gern, dass es Simone gut geht und findet einen Kompromiss anhand aller Informationen:

Was hältst du davon, wenn wir uns einen Platz suchen, wo wir das Meer zu deiner Erholung haben und einige Berge im nahen Umfeld, sodass ich meine Wandertouren machen kann?

Das hört sich nach einem guten Plan an. Vielleicht bin ich ja auch nach einer Woche so erholt, dass ich mich auf die Wanderungen freue.

Simone ist erleichtert, dass Tom ruhig das Gespräch geführt und eine gute Lösung angeboten hat.

Tom freut sich, eine gute Lösung für beide gefunden zu haben und damit auf den gemeinsamen Urlaub.

Tom Lass uns schauen, was es für Orte gibt, die für unseren gemeinsamen Urlaub infrage kommen.

Wir sind nicht immer in der Lage, empathisch zu sein. Gerade wenn wir müde, erschöpft oder emotional belastet sind, fehlt uns die Kraft, Empathie zu schenken. Ganz im Gegenteil, wir benötigen sie dringend uns selbst gegenüber. In diesem Fall ist es hilfreich, uns eine kleine Auszeit zu nehmen, um uns selbst gegenüber empathisch zu sein.

Das Beispiel von Simone und Tom zeigt allerdings, dass auch wenn nur eine Person um die Geheimnisse der Empathie weiß und über die innere Stärke verfügt, diese zu geben, ein einfühlsames Gespräch stattfinden kann.

Nur Empathie zu geben, reicht jedoch nicht aus. Wenn eine Person sie nicht geben kann, dann dürfen wir versuchen, sie uns zu holen, um die Balance wiederherzustellen. So, wie Tom es gemacht hat, als er danach fragte, was Simone gehört hatte bzw. was bei ihr angekommen ist, was ihm wichtig war für diesen Urlaub. Denn wenn wir nur Empathie geben, kommt eine Person im Dialog zu kurz – wir selbst!

Es ist in jedem Fall wichtig, ruhig zu bleiben und anzuerkennen, dass der Gesprächspartner es so gut macht, wie er kann. Eine zugegebenermaßen manchmal herausfordernde Übung, zu der es allerdings keine erfolgreiche Alternative gibt.

ÜBUNG zu zweit

Verabrede dich mit deinem Partner, deiner Partnerin oder einer anderen Person in deinem engen Umfeld, und findet ein Thema, bei dem ihr unterschiedliche Ansichten habt. Das kann die Ernährung sein (bio oder konventionell), bevorzugte Fortbewegungsmittel (Auto, Fahrrad oder öffentliche Transportmittel), Kirche (ja oder nein) oder Reiseziel (Berge oder Meer) … Egal, was es ist, es braucht zwei unterschiedliche Standpunkte.

Hört im Wechsel zu, gebt dem anderen Empathie, und sagt eure Meinung – wie im Beispiel von Simone und Tom. Dabei ist es wichtig, dass ihr euch für den Zeitraum dieser Übung an diesen Gesprächsrhythmus haltet, auch wenn ihr glaubt, bereits eine Lösung gefunden zu haben.

Nimm dir für diese Übung Zeit, bevor du die weiteren Erkenntnisse nach dem Üben liest.

 Weitere Erkenntnisse nach dem Üben

Hast du es bemerkt?

Wenn wir uns vorbereiten, unseren Standpunkt kennen und wissen, warum wir etwas möchten, sind wir stabiler in unserem Auftreten. Gegensätzliche Ansichten bringen uns nicht gleich aus der Balance, ganz im Gegenteil, sie sind eine Bereicherung. Empathie beruhigt – und zwar auf beiden Seiten! Es ist fast unmöglich, uns weiter aufzuregen oder ärgerlich zu sein, wenn wir Empathie verschenken.

Ist es dir aufgefallen?

Trotz unterschiedlicher Standpunkte ist der Gesprächsverlauf sehr wahrscheinlich eher ruhig gewesen. Der Lärmpegel ist bei dieser Art von Gesprächen grundsätzlich geringer und angenehmer, die Atmosphäre entspannter und die Möglichkeit zuzuhören, viel größer. Wir sind körperlich zugewandter und interessierter beim Zuhören, da wir ja wissen, dass wir etwas später Empathie geben dürfen. Dazu müssen wir hinhören!

Vermutlich sind Kompromisse von ganz alleine entstanden, und womöglich wurde – trotz gegensätzlicher Sichtweisen – gelacht. Eventuell habt ihr sogar neue Ansichten kennengelernt, die ihr, da beide Sichtweisen durch Empathie anerkannt wurden, plötzlich annehmen konntet. Durch das Wechseln des Standpunktes setzen wir uns automatisch mit der Sichtweise des anderen auseinander. Das erschafft gewollt oder ungewollt Einsichten, lässt uns umsichtiger werden und ermöglicht Kompromisse. Diese entstehen aus einer ehrlichen Auseinandersetzung heraus und sind in der Regel erfahrungsgemäß für beide Seiten befriedigend.

Hättest du gedacht, dass man ein angenehmes und ehrliches Gespräch trotz unterschiedlicher Ansichten führen kann?

Wenn wir wirklich bereit sind, vorurteilsfrei zuzuhören, bedeutet das Zuwendung, Aufmerksamkeit, Anerkennung und in letzter Konsequenz Liebe. Lohnenswerte Ziele, wie ich finde, die wir erschaffen können.

Die Welt um uns verändert sich nur, wenn wir uns verändern!

Mit den Erkenntnissen aus dem Buch und den Übungen wünsche ich dir viel Freude und Erfolg bei der Neugestaltung deines Lebens.

Ein persönliches Wort zum Abschluss

Mit der wertschätzenden Kommunikation ist es ein klein wenig wie mit der Musik. Wenn wir den Ton nicht treffen, zuckt unser Zuhörer zusammen.

- Ist die Musik zu langsam oder zu schnell, können wir nicht gut folgen.

- Ist die Musik aggressiv, werden wir es auch.

- Langweilt uns das Stück, dann können wir schlecht hören und schalten ab.

- Ist es eine Musikrichtung, die uns grundsätzlich nicht zusagt, werden wir sie vermeiden.

So, wie mit der Musik, ist es auch ein klein wenig mit der wertschätzenden Kommunikation. Wir lösen Emotionen und Reaktionen bei unserem Gesprächspartner aus, die wir zu einem großen Teil beeinflussen können.

Allerdings ist die Kommunikation der Teil im Alltag, den wir ununterbrochen in allen Situationen benötigen und der damit unerlässlich für ein glückliches Leben ist. Das Üben ist in der Kommunikation ebenso wie in der Musik ein elementarer Aspekt. Veränderungen brauchen ihre Zeit, und daher ist es empfehlenswert, diesen Weg in kleinen Schritten, aber konsequent zu beschreiten.

Es geht nicht darum, perfekt zu sein. Wie soll das auch gehen, ohne dass wir uns vorher ausprobieren und sogenannte Fehler machen dürfen. Löse dich von diesem Perfektionismusgedanken, sonst beginnst du nicht mit dem Üben, und das führt zum Stillstand.

Neues auszuprobieren erfordert den Mut, die eigene Komfortzone zu verlassen. Feiere die Erfolge, die deinen Weg begleiten werden, und gib deinem Umfeld gleichzeitig die Möglichkeit, sich auf eine neue gemeinsame Kommunikation einstellen zu können.

Mit dem Erfahren und dem Erlernen, welche Reaktionen wir in unseren Gesprächspartnern auslösen, erhalten wir wichtige Hinweise für uns und für ein achtsames Miteinander.

Wir haben sehr viel mehr Möglichkeiten, mit uns und mit anderen Menschen umzugehen, als wir denken. Wenn wir einen respektvollen und wertschätzenden Umgang mit uns selbst pflegen, können wir ebenso mit anderen Menschen auf diese Weise umgehen. Erst dann werden wir das Geschenk eines respektvollen Umgangs von anderen erhalten.

Solltest du Übungen in diesem Buch im Laufe des Lesens ausgelassen haben, so kann ich dir nur empfehlen, diese jetzt noch nachzuholen. Die Erkenntnisse daraus sind wirklich wertvolle, folgenreiche Informationen für deine ganz persönlich Entfaltung und Entwicklung.

Das Wunderbare daran ist: Diesen Weg brauchen wir nicht allein zu gehen.

Solltest du Begleitung wünschen, empfehle ich dir, das Üben in eine Gruppe zu verlegen, ein Seminar zu besuchen oder dir für einen bestimmten Zeitraum eine persönliche Begleitung durch einen Coach zu gönnen.

Für mehr Informationen besuche meine Webseite:
www.claudia-fabian.de

Ich wünsche dir viel Inspiration, Freude und Erfolg.

Danksagung

Ein großer Dank geht an all die Menschen, die meine Bücher lesen, zu meinen Sitzungen und Vorträgen kommen und meine Seminare besuchen. Euer Interesse zeigt mir, wie bedeutend und überfällig das Thema »Kommunikation« ist. Das immer stärker aufkommende Interesse daran ist für mich eine Inspiration, mein Wissen verständlich und vor allem alltagsorientiert in meinen Büchern wiederzugeben, sodass auch Menschen, die gerne alte Pfade verlassen möchten, sofort beginnen können, ihr Leben neu zu gestalten.

Ein herzliches Dankeschön geht an Heidi und Markus Schirner und an das gesamte Team des Schirner Verlags, das mit viel Engagement auch dieses Buch möglich gemacht hat. Ich freue mich auf die weitere Zusammenarbeit mit euch.

Ein tief empfundener Dank geht an meine Familie und meine Freunde, die mich seit vielen Jahren durchs Leben begleiten und mir Unterstützung und Halt in jeglicher Hinsicht sind.

Ein Herzensdank geht an meinen Lebensgefährten Arthur, der an meine Begabung und meine Berufung glaubt und mir einen Rahmen bietet, in dem ich mich auf das konzentrieren kann, was ich von Herzen gerne tue.

Ein letzter Dank geht an mich selbst. Dass ich den Mut hatte, auf mich und nicht auf andere zu hören, dass ich an mich geglaubt habe und meiner Inspiration, meiner Herzensweisheit, gefolgt bin, die mich bestens durch meine Leben führt. Dass ich mit viel Engagement und Neugierde immer wieder Neues in meinem Leben integriere und damit die Chance, mein Leben aktiv zu gestalten, aus vollem Herzen wahrgenommen habe.

Über die Autorin

Claudia Fabian ist Trainerin für wertschätzende Kommunikation (nach Marshall B. Rosenberg), mediale, ganzheitliche Lebensberaterin sowie Energie- und Heilarbeiterin. Einfühlsamkeit und Achtsamkeit im zwischenmenschlichen Bereich sind ihr ein großes Anliegen. Sie gibt ihr Wissen in Seminaren und Coachings weiter.

www.claudia-fabian.de

Literaturempfehlungen

Byron Katie, Stephen Mitchell
Lieben was ist. Wie vier Fragen Ihr Leben verändern können,
Goldmann Verlag 2002

Samy Molcho
Alles über Körpersprache. Sich selbst und andere besser
verstehen, Mosaik Verlag 2002

Marshall B. Rosenberg
Gewaltfreie Kommunikation. Eine Sprache des Lebens,
Junfermann Verlag 2016

Wertschätzende Kommunikation im Alltag anwenden:

Claudia Fabian
Wertschätzend kommunizieren – achtsam miteinander umgehen
Einfühlsamkeit verstehen und leben
120 Seiten
ISBN: 978-3-8434-1236-0

Wer kennt das nicht: Ein Wort gibt das andere, und plötzlich fühlt man sich angegriffen und zu Rechtfertigungen genötigt … Wenn Kommunikation derart schiefläuft, ist in der Regel ein Mangel an Einfühlungsvermögen und Achtsamkeit die Ursache. Hier setzt die Trainerin und Lebensberaterin Claudia Fabian in ihrem Buch an. Sie zeigt uns, wie wir diese »alte Kommunikation«, die von Distanz und reiner Funktionalität geprägt ist, hinter uns lassen, unser Herz öffnen und wieder für uns selbst einstehen. Tipps, Praxisbeispiele und Reflexionsübungen sind dabei eine wertvolle Unterstützung. So werden wir uns unserer Worte und deren Wirkungen bewusst, finden zu einer achtsamen und wertschätzenden Kommunikation und können unser großes Ziel erreichen: ein liebevolles, lebensfrohes und erfolgreiches Miteinander!

Claudia Fabian
Wertschätzend kommunizieren –
achtsam miteinander umgehen
Einfühlsamkeit als Schlüssel zu
Glück und Erfolg –
40 Karten mit Anleitung
ISBN: 978-3-8434-9081-8

Jedes unserer Worte löst in unseren Gesprächspartnern eine deutliche Resonanz aus: Begegnen wir ihnen mit Ungeduld und Aggressivität, reagieren sie entsprechend unfreundlich. Bringen wir in unserer Kommunikation Wertschätzung und Achtsamkeit zum Ausdruck, erhalten wir diese zurück. Die Kommunikationstrainerin Claudia Fabian macht es Ihnen mit diesem Kartenset leicht, einen neuen und einfühlsamen Umgang mit Ihren Mitmenschen zu pflegen. Intuitiv wählen Sie die Karten aus, die Ihre Themen ansprechen: Ausreden vermeiden, eigene Gefühle wahrhaftig zum Ausdruck bringen, eine Bitte richtig formulieren … Dank kurzer Erklärungen und klarer Tipps können Sie belastende Muster schnell erkennen und schon bald auflösen.

Claudia Fabian
Mutig und respektvoll
Nein sagen
Mit Wertschätzung und innerer
Leichtigkeit für sich einstehen
128 Seiten
ISBN: 978-3-8434-1276-6

Schnell passiert es, dass man auf eine Frage oder Bitte mit »Ja« antwortet, obwohl man spürt, dass für einen selbst »Nein« die richtige Antwort wäre. Und das nur, weil man befürchtet, andere zu enttäuschen oder zu verärgern. Das Gegenteil ist der Fall! Wer für seine persönlichen Bedürfnisse einsteht und diese achtsam kommuniziert, erlangt Verständnis und Respekt. Machen Sie sich mit der Gesprächsstrategie der »vier Schritte« vertraut, und es wird Ihnen in jeder Lebenslage möglich sein, Klarheit zu schaffen, auf die eigenen Gefühle zu hören, mit aufrichtigem Bedauern Nein zu sagen und dem Gesprächspartner trotzdem ein gutes Gefühl zu geben.